The Bilingual Revolution Series

CONVERSATIONS SUR LE BILINGUISME

*Conversations avec Ellen Bialystok, François Grosjean,
Ana Inés Ansaldo, Ofelia García,
Christine Hélot et Mbacké Diagne*

Fabrice Jaumont

Traduit par Megan Evans

TBR Books
New York - Paris

Le programme TBR Books a été mis en place par le Centre pour l'Avancement des Langues, de l'Éducation et des Communautés (CALEC). Nous publions les travaux de chercheurs et professionnels qui cherchent à toucher des communautés variées sur des sujets liés à l'éducation, aux langues, à l'histoire culturelle et aux initiatives sociales.

CALEC - TBR Books
750 Lexington Avenue, 9th floor
New York, NY 10022
USA
www.calec.org | contact@calec.org
www.tbr-books.org | contact@tbr-books.org

Illustration de la couverture : Raymond Verdaguer
Design de la couverture : Nathalie Charles

Titre original : *Conversations on Bilingualism* (TBR Books, 2022)
ISBN 978-1-63607-195-4 (hardback)
ISBN 978-1-63607-285-2 (paperback)
ISBN 978-1-63607-392-7 (eBook)

Table des matières

Remerciements

Je tiens à exprimer ma gratitude à tous ceux qui m'ont encouragé et qui ont participé à la rédaction de cet ouvrage. Je remercie du fond du cœur Ellen Bialystok, François Grosjean, Ana Inés Ansaldo, Ofelia García, Christine Hélot et Mbacké Diagne.

Je tiens également à remercier le conseil d'administration du Centre pour l'avancement des langues, de l'éducation et des communautés (CALEC), les membres du conseil consultatif et les sympathisants du monde entier pour leur confiance en TBR Books et CALEC Éditions, les programmes de publication de CALEC.

Enfin, je tiens à remercier Renata Somar pour son incroyable talent et sa persévérance lors de la révision de mes nombreuses versions, ainsi que Gabrielle Amar-Ouimet, Raphaëlle Etoundi, Victor Corruble et Julie Hallac pour leur aide dans les transcriptions et les relectures. Je remercie tout particulièrement Megan Evans pour son travail de traduction, ainsi que Raymond Verdaguer qui, une fois de plus, m'a gratifié d'une magnifique illustration de couverture. Ma gratitude va également à mon épouse Nathalie et à mes filles Cléa et Félicie pour m'avoir apporté les encouragements et la force nécessaires à la réalisation de ce projet.

Fabrice Jaumont

Introduction

Valenciennes est une charmante localité située au nord de la France, à seulement 10 km de la frontière belge et à moins de 300 km de cinq grandes capitales européennes telles que Paris, Bruxelles, Amsterdam, Londres et Luxembourg. Grâce à sa situation stratégique, elle constitue un carrefour culturel riche en art. Autrefois, Valenciennes était réputée pour ses peintres et, de nos jours, son centre-ville est rempli de musées et de sculptures qui font partie intégrante de la vie quotidienne. Au 18ème siècle, on la surnommait l'Athènes du Nord en raison de sa vie culturelle florissante. Vous pourriez vous demander pourquoi je mentionne tout cela dans le cadre d'un livre sur le bilinguisme, mais c'est à Valenciennes que mon parcours a débuté. J'ai eu la chance d'y naître et d'y vivre quelques années avant d'explorer d'autres lieux fascinants.

Au cours de mon enfance, les obligations professionnelles de mon père nous ont amenés à déménager régulièrement. Tous les deux ans, nous nous installions dans un lieu différent, commençant une nouvelle vie scolaire, faisant la connaissance de nouveaux visages et explorant un environnement inédit. Parfois, ces déménagements se sont déroulés au sein de notre région, les Hauts-de-France, tandis qu'à d'autres moments, ils ont eu lieu en dehors de celle-ci, voire à Paris.

Les fréquents déménagements de mon enfance ont probablement contribué à éveiller ma curiosité pour les cultures étrangères et mon désir de voyager. Au cours de ma vingtaine, j'ai approfondi cet intérêt en obtenant un master en enseignement de l'anglais langue étrangère à l'Université de Normandie. Mon envie de voyager a également été assouvie grâce à un périple fabuleux et enrichissant qui se poursuit encore à ce jour. Mon premier poste d'enseignant en Irlande m'a offert l'opportunité de m'immerger dans une culture bilingue et de vivre une expérience inédite dans un pays bien différent du mien. Cependant, après deux années, j'ai compris que mon destin se trouvait ailleurs, de l'autre côté de l'océan Atlantique, et j'ai donc décidé de tenter ma chance en m'installant aux États-Unis. Arrivé à Boston en 1997, je me sentais, comme beaucoup de jeunes diplômés, prêt à conquérir le monde.

Comme j'étais naïf. Je ne m'attendais pas à ce que ce soit *le monde qui me capture,* plutôt que ce soit moi qui le conquière. Permettez-moi de vous expliquer. Bien que mes études en linguistique et en sciences sociales en Europe aient été complètes, elles ne m'avaient pas préparé à la richesse, la complexité et la diversité culturelle que j'ai découvertes en Amérique du Nord, du Centre et du Sud. Mon aventure américaine a commencé dans une ville du nord-est des États-Unis, mais au fil des ans et des projets, j'ai exploré d'autres pays d'Amérique centrale et du Sud, me rendant même récemment en Argentine. À mon arrivée à Boston, j'ai été étonné d'entendre les gens parler de nombreuses langues différentes, bien que les États-Unis aient la plus grande population anglophone au monde. Cela a stimulé mon imagination, et j'ai immédiatement voulu découvrir de nouveaux lieux, rencontrer de nouvelles personnes, échanger des idées et mener des projets passionnants, tout en ayant des conversations captivantes dans plusieurs langues, voire dans le plus grand nombre de langues possible. Dans les chapitres suivants, je vous raconterai comment les langues, les lieux et les personnes se sont entrelacés pour donner naissance à la Révolution bilingue.

À l'époque, on pouvait satisfaire aux obligations du service militaire français en travaillant pour le gouvernement à l'étranger, ce qui est maintenant appelé service civique. C'est ainsi que j'ai débuté ma carrière au Consulat de France en tant qu'attaché linguistique, ayant pour mission de promouvoir la langue française.

Ce poste m'a offert l'opportunité de combiner l'éducation et les langues dans une approche internationale, ce qui était passionnant. Mais ce qui comptait encore davantage pour moi, c'était la chance de travailler, parler et échanger avec un grand nombre de personnes. Après deux ans au Consulat, j'ai choisi de poursuivre une carrière liée à l'éducation et je suis devenu directeur d'une école bilingue, en charge des niveaux collège et lycée. Là, j'ai rencontré des éducateurs exceptionnels, mais j'ai également pris conscience des défis auxquels les familles bilingues étaient confrontées. Lorsque j'ai déménagé à New York en 2001, j'ai constaté qu'il était difficile d'offrir une éducation bilingue aux enfants en dehors des écoles privées telles que le Lycée Français, qui enseignait dans ma langue maternelle. C'est ainsi que j'ai été embauché par l'Ambassade de France aux États-Unis en tant qu'Attaché de coopération pour le français. Dans ce rôle, je devais établir des partenariats académiques entre l'Ambassade et les écoles américaines sur le terrain. Bien que je n'avais pas prévu de faire carrière dans la diplomatie, mon expérience au Consulat de Boston m'a offert cette opportunité.

En tant qu'attaché de coopération pour le français, ma mission consistait à faire la promotion de la langue française et à soutenir les enseignants. Les objectifs étaient donc bien définis et précis. Toutefois, j'ai progressivement observé que les parents ne recevaient pas l'attention qu'ils méritaient, malgré leurs questions pertinentes et leur recherche d'informations pour offrir la meilleure éducation bilingue possible à leurs enfants.

De nombreux parents que j'ai rencontrés ne pouvaient pas inscrire leurs enfants dans une école bilingue, malgré leur désir de le faire, en raison du coût élevé ou de l'éloignement de l'établissement par rapport à leur domicile. Afin d'en apprendre davantage, j'ai initié des discussions avec eux, mené des recherches et engagé une conversation passionnante qui a duré un certain temps.

En réponse à leurs suggestions, l'une des premières idées que nous avons explorées a été d'intégrer les écoles publiques comme option pour les programmes bilingues. Cela a été un changement décisif. Certains parents étaient déjà conscients que les politiques américaines depuis les années 1970 leur permettaient de solliciter des programmes spécifiques dans les écoles, en fonction de la langue maternelle de leurs enfants ou du nombre d'élèves parlant la même langue dans une classe. Ils voulaient donc saisir cette opportunité. Ce premier groupe de parents recherchait de nouvelles possibilités : certains souhaitaient mettre en place des programmes périscolaires pour renforcer la langue maternelle de leurs enfants, tandis que d'autres étaient à la recherche de programmes bilingues.

À New York, plusieurs programmes bilingues en espagnol et en chinois existaient déjà, mais aucun en français. L'équipe de l'Ambassade s'est donc attelée à rassembler les parents et à persuader les directeurs d'école qu'il existait une demande suffisante et un soutien pour un programme bilingue en français. Après avoir réussi à mettre en place un programme dans une école, nous avons bénéficié d'une couverture médiatique à laquelle nous ne nous attendions pas. Ensuite, nous avons créé d'autres programmes, attirant encore plus d'attention. L'impact le plus significatif de cette première vague de publicité a été l'intérêt qu'elle a suscité auprès d'autres groupes linguistiques. J'ai rencontré des parents russes, japonais, italiens, grecs, etc., qui m'ont tous demandé comment ils pouvaient faire la même chose pour leur communauté. J'étais enchanté.

Les premières réunions avec les parents ont eu lieu vers 2005-2006, et les premiers cours ont été dispensés en 2007. À ce moment-là, je suis devenu un lien, un coordinateur, un défenseur des langues, un combattant supplémentaire dans une croisade dont le principal moteur était les parents. C'était véritablement le commencement de la Révolution bilingue, un concept qui a conduit à de nombreuses réalisations et apprentissages enrichissants, que vous découvrirez à la fin de ce livre.

À ce stade précoce, j'ai pris conscience d'un fait incontestable, qui a posé des difficultés par la suite : nous disposions d'une formidable opportunité pour mener cette Révolution bilingue en créant des programmes impliquant des parents et des enfants de toutes origines et de tous milieux linguistiques. Néanmoins, le programme en français serait le programme phare au cœur de tous les efforts et initiatives, probablement perçu comme un modèle à suivre.

J'ai poursuivi mon travail avec les parents et nous avons réalisé des avancées notables sur de nombreux plans. Cependant, à un certain moment, je me suis posé des questions sur mon rôle pour répondre aux interrogations qu'ils avaient et sur la manière de procéder. Plus tard, je me suis cependant demandé si j'étais légitime pour répondre à leurs interrogations. *Qui pourrait nous fournir les informations les plus fiables ?* Cette réflexion a marqué le début d'une nouvelle phase de ma vie. Progressivement, je suis devenu un facilitateur, capable de faire progresser les choses, de trouver des ressources, d'identifier les besoins des familles, de mettre en relation les parents et les enseignants, de rencontrer des experts et de les inviter à échanger avec les parents pour expliquer les mystères du bilinguisme et du plurilinguisme en des termes simples. Au fil des ans, cet engagement diversifié auprès des parents, enseignants, enfants et experts m'a permis de mieux comprendre chaque jour le bilinguisme et le plurilinguisme. Aujourd'hui, je souhaite partager avec vous ce que j'ai appris.

Le bilinguisme est une compétence essentielle qui est appréciée par certains, mais mal comprise, découragée, voire combattue par d'autres. Ce phénomène complexe est souvent mal interprété en raison de la profusion d'informations et d'articles inexacts, simplistes ou trompeurs dans les médias. Il existe donc un manque flagrant d'informations fiables sur le sujet, ce qui nuit grandement à ceux qui s'intéressent à la question pour leur propre avantage ou celui de leurs enfants. Pendant de nombreuses années, le bilinguisme a soulevé de nombreuses questions dans des domaines tels que l'éducation, la psychologie, la linguistique et la sociologie. Les discussions sur les personnes bilingues et multilingues ont également émergé dans les interactions sociales quotidiennes telles que les fêtes d'anniversaire, les entraînements de football, les réunions scolaires et les forums linguistiques en ligne. Ces conversations abordent une gamme variée de sujets techniques, scientifiques, académiques et pratiques, mais toutes sont pertinentes et méritent des réponses approfondies.

Tout d'abord, qui est considéré comme bilingue ? Comment la préservation d'une langue affecte-t-elle le maintien d'une culture ? Le bilinguisme peut-il nuire au développement des compétences linguistiques conventionnelles chez les enfants ? Que se passe-t-il si mes enfants sont exposés à quatre langues ? Les enfants et adultes bilingues possèdent-ils des « superpouvoirs » ? Dans le cas de couples biculturels, chaque parent doit-il parler à l'enfant dans sa propre langue ? Les personnes bilingues sont-elles plus intelligentes que les monolingues ? Les personnes multilingues sont-elles plus intelligentes que les bilingues ? La maîtrise de deux langues offre-t-elle des avantages pour apprendre à lire, écrire et faire des mathématiques ? Dans quelle langue les personnes bilingues rêvent-elles ? Dans quelle langue rêvent *les personnes multilingues* ? Dois-je parler à mon enfant dans une langue que je ne maîtrise pas parfaitement ? Quelles structures soutiennent l'éducation bilingue et sont-elles efficaces ? Comment les personnes bilingues choisissent-elles la langue à utiliser ? Les personnes bilingues sont-elles meilleures que les autres ? Pourquoi les bilingues mélangent-ils les mots ?

Dans ce livre, vous découvrirez une série d'échanges que j'ai menés avec des chercheurs et des experts issus de divers domaines d'études, tous convergeant vers le sujet du bilinguisme et du plurilinguisme. Je décrirai les circonstances de ces rencontres tout au long de cet ouvrage. Ensemble, nous avons abordé les questions précédemment mentionnées, ainsi que de nombreuses autres posées par des parents, des éducateurs et le public lors d'événements organisés par l'Ambassade de France, le site d'information en ligne French Morning, le Centre pour l'avancement des langues, de l'éducation et des communautés (CALEC) et d'autres institutions. Tous ces professionnels sont convaincus de l'importance de promouvoir la compétence du bilinguisme de manière plus étendue. Lors de nos événements, ils ont prodigué des conseils pour aider les parents à élever efficacement des enfants bilingues ou multilingues et à maintenir cette compétence tout au long de leur vie. Au fil de ces échanges, vous constaterez un désir de remettre en question les idées reçues et de clarifier les connaissances actuelles. Les experts s'efforcent d'expliquer de manière pédagogique les nuances et la science sous-jacente aux avantages de parler deux ou plusieurs langues. Leurs contributions ont été discutées en détail lors de nos conversations, et vous aurez l'occasion de les découvrir. Mais qui sont ces experts ?

Ellen Bialystok, François Grosjean, Ana Inés Ansaldo, Ofelia García, Christine Hélot et Mbacké Diagne sont des spécialistes renommés dans leurs domaines respectifs, qui englobent la psychologie, les neurosciences, l'enseignement des langues et la sociologie. Chacun d'entre eux a reçu le soutien d'institutions prestigieuses pour ses recherches. Ils ont tous étudié l'impact de la maîtrise de plusieurs langues en adoptant la perspective de leur propre discipline académique, tout en tenant compte de leurs expériences personnelles et de leur contexte national.

L'une des raisons pour lesquelles les conversations présentées dans ce livre sont si captivantes réside dans le fait que les experts possèdent des compétences diverses, des expériences personnelles variées et des parcours uniques, qui remettent en cause les idées reçues sur le bilinguisme. Leurs points de vue et expertises s'entrecroisent et se complètent, offrant ainsi de nouvelles perspectives sur le bilinguisme. Certains de ces experts ont même développé de nouveaux concepts et termes inédits, qui peuvent aider les éducateurs et les personnes bilingues à mieux comprendre et à nuancer certaines idées. Ces apports innovants permettent d'aborder le bilinguisme de manière plus approfondie.

Pourquoi les conversations sur le bilinguisme sont-elles importantes ?

En lisant les entretiens, vous remarquerez, par exemple, que la question de savoir qui est véritablement bilingue se pose fréquemment.

Le bilinguisme est souvent mal compris, comme mentionné précédemment. Cependant, il est généralement défini comme la capacité d'une personne à utiliser deux langues de manière efficace dans la vie quotidienne. Les personnes qui peuvent utiliser plusieurs langues sont quant à elles appelées « multilingues ». Le développement de l'identité bilingue peut se produire à différents moments de la vie, à travers divers processus et expériences. Par exemple, certains enfants peuvent devenir bilingues car leur famille parle une langue différente de celle de leur communauté, tandis que d'autres peuvent le devenir grâce à un programme bilingue à l'école. D'autres peuvent devenir bilingues plus tard dans leur vie, soit en apprenant une nouvelle langue pour leur travail ou leur vie quotidienne, soit en apprenant la langue de leur pays d'origine en tant qu'adultes. C'est pourquoi, dans les entretiens que vous allez découvrir, la question de savoir qui est véritablement bilingue est souvent posée et débattue.

Dans ce livre, nous allons nous concentrer sur les enfants qui deviennent bilingues ou multilingues très tôt, quels que soient les moyens par lesquels ils ont appris leur deuxième, troisième ou toute autre langue. Nous allons nous intéresser avec une attention particulière au cas des bilingues pour mieux comprendre la réalité des personnes qui utilisent plus d'une langue en famille, à l'école ou au travail. Bien que les expériences de bilinguisme soient extrêmement diverses, je pense que les lecteurs découvriront que le bilinguisme et le plurilinguisme sont beaucoup plus courants qu'on ne le croit. Par ailleurs, les bilingues sont un type de communicant particulier, et nous allons en explorer les implications dans différentes situations.

François Grosjean, l'un des experts présentés dans ce livre, considère que le bilinguisme est bien plus qu'une simple compétence linguistique : c'est une identité en soi. Je suis moi-même français, mais je parle anglais depuis vingt ans car je vis à New York, l'une des villes les plus multiculturelles du monde, qui a vu affluer des immigrants du monde entier depuis plus d'un siècle. Mon identité bilingue m'a permis de comprendre différentes perspectives dans une société de plus en plus diversifiée. L'un des avantages sociaux les plus précieux du bilinguisme est la capacité d'explorer une culture à travers sa langue, ou de communiquer avec des personnes avec lesquelles on n'aurait jamais pu échanger autrement.

En tant que père et professionnel du monde de l'éducation, je crois que l'avantage fondamental du bilinguisme pour les enfants est le développement d'un caractère personnel plus compréhensif et tolérant. Les enfants qui grandissent en ayant une identité bilingue ont tendance à avoir plus de respect pour les langues et peuvent s'adapter plus facilement dans une société mondialisée, ce qui est une idée soutenue par les Nations Unies (cf. les priorités du *Global Education First* du Secrétaire Général des Nations Unies à la fin du livre).

Il est donc compréhensible que de plus en plus de personnes s'intéressent au bilinguisme et à la pratique de plusieurs langues au quotidien. Des études scientifiques ont montré que le bilinguisme est associé à des concepts qui peuvent paraître abstraits ou difficiles à comprendre pour le grand public, mais qui offrent des avantages profonds et durables. Par exemple, j'ai été moi-même surpris d'apprendre que les personnes bilingues ont une meilleure perception métalinguistique. Cela signifie qu'elles sont capables de reconnaître la langue comme un système pouvant être manipulé et exploré.

Cependant, après avoir échangé avec les experts, j'ai compris l'importance de ce concept pour les personnes bilingues.

Il est facile de comprendre d'autres concepts liés au bilinguisme tels que la mémoire améliorée, le développement de compétences visuo-spatiales plus avancées et même la créativité. Les scientifiques ont constaté que les personnes bilingues présentent un sens accru de la créativité, en particulier en matière de « raisonnement divergent », surtout chez les enfants, ce qui signifie qu'elles sont capables de générer des solutions inventives et spontanées aux problèmes. Sir Kenneth Robinson, conseiller pédagogique et auteur de *Out of our Minds : Learning to Be Creative* (Capstone, 2001), explique en détail le concept de raisonnement divergent et son importance dans le développement de la créativité.

L'apprentissage d'une langue étrangère, ou de *tout* élément dans une langue différente de la sienne, favorise la résolution de problèmes et la prise de décisions, ce qui profite au cerveau de diverses manières, comme le confirment les experts interrogés dans ce livre. Un enfant qui apprend une autre langue ne sera pas seulement meilleur pour apprendre d'autres langues, mais aussi pour apprendre en général. Les enfants inscrits dans des programmes bilingues obtiennent de meilleurs résultats aux tests standardisés, y compris en mathématiques, car ils sont habitués à résoudre des problèmes en permanence. Les avantages cognitifs liés au bilinguisme ou au plurilinguisme sont nombreux, ce qui justifie leur enseignement dès le plus jeune âge pour tous les enfants.

Il est couramment admis que les bénéfices du bilinguisme s'étendent bien au-delà du domaine de la langue, et que les avantages cognitifs et neurologiques ont un impact sur des compétences que nous utilisons dans tous les aspects de notre vie. Ainsi, les avantages cognitifs nourrissent les avantages sociaux. Les personnes bilingues font généralement preuve d'une intelligence émotionnelle accrue, elles ont une conscience plus aigüe d'elles-mêmes et des autres, et une meilleure intuition pour comprendre les opinions des autres. Leur capacité à appréhender le même événement ou la même idée sous un angle différent les aide à nouer des relations plus profondes et leur permet d'interagir plus facilement avec des personnes d'horizons différents, qu'elles viennent d'une société similaire ou de pays éloignés.

Les individus qui maîtrisent deux langues ou plus peuvent proposer de nouvelles solutions pour résoudre les problèmes, et possèdent la capacité de comprendre et de prendre en compte des perspectives et opinions variées. De ce fait, le bilinguisme et le plurilinguisme favorisent la tolérance, la paix et la justice sociale.

La maîtrise de plusieurs langues peut également enrichir la compréhension sociale et culturelle. Les personnes bilingues sont capables d'interagir avec des membres de leur communauté locale qui ne parlent pas la langue dominante de la société. Faire partie d'un groupe culturel devrait favoriser un sentiment d'identité, de fierté et d'appartenance. Au lieu de considérer le patrimoine culturel comme une relique du passé, il doit être vu comme une source de croissance et d'opportunités. Lorsque les enfants ont la possibilité de participer à des programmes qui leur permettent de pratiquer et d'apprendre dans leur langue maternelle, ils peuvent non seulement préserver leur héritage culturel, mais aussi développer leurs compétences et leur identité dans la langue dominante.

Dans les cas où la deuxième ou la troisième langue fait partie du patrimoine du locuteur, le bilinguisme ouvre la porte à un niveau de compréhension complètement différent des origines familiales, de la culture et de l'identité personnelle. Plus important encore, cela peut avoir un impact multigénérationnel. La triste réalité est que de nombreuses familles non anglophones qui arrivent aux États-Unis perdent leur langue d'origine dès la deuxième génération. Cela signifie que les enfants ne peuvent plus communiquer avec leurs grands-parents et parfois, ils ne peuvent même pas communiquer correctement avec leurs parents. Le bilinguisme aide à combler le fossé intergénérationnel qui peut apparaître après l'émigration et constitue un moyen de préserver les détails complexes et intimes qui font partie du tissu interne d'une famille.

Malgré les nombreux avantages mentionnés précédemment, et bien que ces dernières années l'éducation bilingue soit devenue une méthode d'enseignement efficace aux États-Unis pour combler les lacunes et ouvrir de nouveaux horizons aux générations futures, il existe toujours un grand écart entre ceux qui considèrent l'éducation bilingue comme une solution pour accroître le plurilinguisme chez les jeunes du pays et ceux qui la voient uniquement comme un moyen d'enseigner l'anglais aux enfants d'immigrants en retard de développement.

Certaines personnes continuent de s'opposer à l'éducation bilingue et cherchent à promouvoir une vision monolingue. Selon ces opposants, les avantages du bilinguisme n'existent pas ou sont très limités et ne s'appliquent qu'à des circonstances spécifiques et indéterminées. Malgré les nombreux avantages démontrés de la pratique de plusieurs langues, les experts ont encore du mal à se faire entendre en raison des mythes et des stéréotypes profondément ancrés dans l'inconscient collectif de notre société. Certains de ces mythes ont conduit à des préjugés qui entravent le développement du bilinguisme : il est temps de les dépasser.

Il existe des idées reçues tenaces concernant le bilinguisme, tels que la croyance que l'apprentissage de deux langues empêche de maîtriser la langue dominante. Aux États-Unis, les parents immigrés craignent souvent l'éducation bilingue à l'école car ils pensent que leur enfant ne développera pas les compétences nécessaires pour maîtriser l'anglais. Un autre préjugé concerne l'identité culturelle des bilingues, en particulier des enfants issus de familles immigrées. Certains pensent que les langues maternelles créent de la division et entravent la cohésion sociale, car l'héritage culturel des parents ou de la communauté empêcherait les enfants bilingues de s'intégrer dans la société où ils grandissent, les décourageant ainsi de s'adapter à la culture locale.

Il arrive trop souvent que les parents redoutent que leurs enfants mélangent les langues s'ils les apprennent trop tôt, ou que le fait d'être exposés à plusieurs langues ait un impact négatif sur leur capacité à apprendre de nouveaux concepts qui ne sont pas liés aux compétences linguistiques. Ces appréhensions s'expliquent en partie par le phénomène fréquent du « code-switching » (alternance codique), où les enfants bilingues passent d'une langue à l'autre lorsqu'ils communiquent. Certains considèrent cela comme un signe de confusion. Par exemple, un enfant élevé en mandarin et en anglais peut commencer une phrase en mandarin, ajouter un ou deux mots d'anglais, puis continuer en mandarin. Mais cela signifie-t-il que l'enfant est perdu ou confus ?

Il y a environ vingt ans, un groupe de chercheurs basé à Montréal a entrepris d'étudier le phénomène du « code-switching » chez les enfants bilingues. Ils ont découvert que, dans la plupart des cas, les enfants bilingues utilisaient une stratégie très efficace consistant à utiliser toutes les ressources linguistiques à leur disposition pour s'exprimer au mieux. Il est d'ailleurs important de noter que même les enfants monolingues mélangent parfois les mots et leurs significations au cours de leur développement linguistique. Par conséquent, il n'y a aucune raison de s'inquiéter du « code-switching » chez les jeunes enfants. En revanche, les adolescents et les adultes bilingues sont très doués pour le « code-switching » et peuvent adapter leur utilisation des langues en fonction de leur environnement sans avoir à y penser consciemment.

Les parents immigrants peuvent avoir des préoccupations supplémentaires quant au bilinguisme ou plurilinguisme de leurs enfants s'ils cherchent à les intégrer facilement dans leur nouvelle communauté. Malheureusement, certains parents dont la langue maternelle n'est pas l'anglais choisissent de ne parler qu'en anglais à leurs enfants en raison de leurs propres difficultés, de la discrimination qu'ils ont subie lorsqu'ils étaient jeunes et qu'ils parlaient l'anglais avec un accent ou commettaient des fautes grammaticales.

Pour leur éviter de vivre la même expérience, ces parents sont prêts à tout pour que leurs enfants parlent un anglais immaculé, sans accent, quel qu'en soit le prix.

Les études démontrent toutefois que les parents devraient parler à leurs enfants dans leur langue maternelle plutôt que de s'exprimer en anglais de manière incorrecte. Les enfants ont besoin d'une base linguistique solide, qui ne peut être acquise que s'ils sont correctement exposés à leur langue maternelle au cours de leurs premières années. Lorsqu'ils entament leur scolarité, leurs enseignants s'appuient sur cette base linguistique pour développer leurs compétences et capacités dans toutes les matières, pas uniquement en langues.

Comme indiqué précédemment, les conversations incluses dans ce livre ont eu lieu au cours des cinq dernières années lors de divers événements publics et enregistrements sur le sujet à New York, ainsi que dans le cadre des initiatives de la Révolution bilingue, et ont toutes été des expériences très positives.

De nombreuses ressources ont été créées pour le grand public, telles que des podcasts et des vidéos, que vous pouvez retrouver à la fin de ce livre ou sur notre site calec.org. Certaines de ces conversations ont été suivies de séances de questions-réponses, où des enseignants, des couples et des familles bilingues ont exploré des questions importantes sur l'identité et l'éducation, ainsi que les problèmes auxquels ils font face en matière de bilinguisme, de plurilinguisme ou d'identité multiculturelle.

Dans ce livre, vous trouverez une version quelque peu éditée de ces conversations, car nous souhaitons que toutes les informations soient accessibles et agréables pour tous.

Invitez vos amis à découvrir les *Conversations sur le bilinguisme*. Les expériences partagées dans ce livre seront bénéfiques pour tous les lecteurs, qu'ils soient parents, enseignants, administrateurs ou décideurs. Ces discussions aideront à améliorer et à développer l'éducation bilingue dans les communautés. Rejoignez-moi maintenant pour discuter avec ces experts de ce sujet qui nous tient tant à cœur.

Deux conversations avec
Ellen Bialystok

Ellen Bialystok, professeure émérite de psychologie, titulaire de la chaire de recherche Walter Gordon sur le développement cognitif à l'Université York, ainsi que chercheuse associée à l'Institut de recherche Rotman du Centre de soins gériatriques Baycrest, fonde sa recherche sur des méthodes d'analyse de comportements et de neuroimagerie pour examiner l'impact du bilinguisme sur les processus cognitifs tout au long de la vie. Ses travaux les plus célèbres se concentrent sur les capacités cognitives des enfants bilingues, ainsi que sur la comparaison du processus d'apprentissage chez les enfants bilingues et monolingues. Elle a également démontré l'effet du bilinguisme dans le retardement de maladies telles que la démence chez les adultes bilingues plus âgés. Parmi les prix qu'elle a reçus, on peut citer le Prix Hebb de la Société canadienne pour le comportement cérébral et les sciences cognitives (2011), le Prix Killam des sciences sociales (2010), le Prix du mérite de la recherche de l'Université York (2009), le Prix Donald T. Stuss du Centre de soins gériatriques Baycrest (2005), le Prix du doyen pour l'excellence de la recherche (2002), la bourse de recherche Killam (2001) et la bourse de recherche Walter Gordon (1999). En 2016, elle a été nommée Officier de l'Ordre du Canada et en 2017, elle a reçu un doctorat honorifique de l'Université d'Oslo pour sa contribution à la recherche.

Il y a quelques années, j'ai assisté à une conférence sur le bilinguisme organisée par le Lycée Français de New York. C'était à cette occasion que j'ai rencontré la professeure Ellen Bialystok . Elle était ravie de participer à cet événement et nous sommes restés en contact par la suite. Plus tard, j'ai organisé un autre événement et je n'ai pas hésité à l'inviter.

La professeure Bialystok a passé deux jours à New York, pendant lesquels elle a animé trois conférences. Nous avons discuté du bilinguisme sans relâche. Ce fut une expérience formidable. Elle a écrit un livre intitulé *Enfants bilingues : Familles, éducation et développement* qui fait maintenant parti du catalogue de CALEC. Mais pourquoi suis-je si ravi que deux de nos conversations soient maintenant incluses dans ce livre ? Permettez-moi de vous expliquer un peu ses découvertes et je suis sûr que vous comprendrez mieux les raisons de mon enthousiasme.

Au cours des dix dernières années, la recherche sur les effets du bilinguisme sur le lobe frontal a connu d'importants progrès. Les travaux révolutionnaires d'Ellen Bialystok ont démontré l'impact majeur de l'expérience bilingue sur la structure et l'organisation du cerveau. Elle a découvert que le cerveau bilingue possède une capacité accrue de résolution des problèmes grâce à une régénération constante des circuits de ses fonctions exécutives (le réseau de traitement cérébral qui collecte et organise les informations, analyse notre environnement et adapte notre comportement en conséquence). Les fonctions exécutives du cerveau sont davantage sollicitées par un cerveau bilingue car il doit constamment traiter des informations dans deux langues. La nécessité de résoudre les problèmes qui apparaissent entre les deux systèmes, qu'ils soient liés à des activités parlées ou écrites, favorise une réorganisation continue du réseau global des fonctions exécutives.

En fin de compte, les cerveaux bilingues sont reconfigurés pour être plus productifs que ceux des locuteurs d'une seule langue, même pour des tâches non liées à la production de la langue. Le bilinguisme semble contribuer à la lutte contre le déclin naturel du cerveau. Ellen Bialystok a mis en évidence que ceux qui parlent deux langues possèdent un cerveau plus résistant et en meilleure santé. De plus, elle a fourni des preuves indiquant que la pratique du bilinguisme tout au long de la vie pourrait aider à retarder l'apparition de maladies comme Alzheimer. Cela peut notamment aider à prévenir les symptômes de la démence en dotant le cerveau d'une réserve cognitive plus importante.

Ellen Bialystok nous fait le plaisir de partager ses résultats et son expérience lors de deux entretiens que nous avons retranscrits dans ce livre. Le premier entretien porte sur « Le cerveau et le potentiel du bilinguisme », tandis que le deuxième est consacré à l'« Éducation bilingue pour les jeunes enfants ».

Le cerveau bilingue et le potentiel du bilinguisme

Services culturels de l'Ambassade de France aux États-Unis, 18 mai 2018.
Remarque : les intervenants sont appelés « FJ » (Fabrice Jaumont), « EB »
(Ellen Bialystok).

FJ : Bienvenue à tous. On pourrait peut-être commencer avec quelques questions vous concernant. Pourriez-vous nous parler de votre parcours et nous expliquer comment vous en êtes arrivée à la psychologie ?

EB : Tout d'abord, un grand merci pour votre invitation. Je suis enchantée de pouvoir vous parler de mon travail et de la façon dont je suis arrivée à cette discipline. J'étais spécialiste en développement cognitif et très intéressée par les langues. Ce qui m'intéressait le plus était de savoir comment les enfants apprennent les langues et les idées, puis font le lien entre elles. Ensuite, ces questions ont fusionné pour aboutir à celle du lien entre les langues et la pensée, et non pas le bilinguisme. À cette époque-là, pendant les années 1970, le bilinguisme ne faisait pas encore partie du champ de la psychologie et n'y était pas étudié. Après l'obtention de mon diplôme, je n'arrivais malheureusement pas à trouver de travail académique. J'ai cependant été par la suite à la tête d'un projet sur la manière dont les individus apprennent une deuxième langue. C'était un tout autre domaine, celui de l'acquisition d'une deuxième langue qui relève de la linguistique appliquée. Mon travail était d'observer des lycéens au sein de leurs classes et de comprendre comment ils apprenaient le français en tant que seconde langue. Aucun psychologue ne s'y était intéressé auparavant. Cela m'a passionnée – je développais des idées, créais des tests, commençais à faire des études sur leur mémoire et tout cela m'a mise sur la voie du bilinguisme. Il s'agissait dans un premier temps d'étudier l'acquisition d'une nouvelle langue qui constitue une discipline antérieure au bilinguisme.

J'étais la première personne à s'intéresser à la psychologie cognitive et à mener des recherches expérimentales en ce sens, à comprendre la mémoire des enfants et à analyser ce qui arrive lorsque les enfants apprennent une deuxième langue. Ce fut une série de hasards qui me conduisirent à ce qui est devenu mon domaine de prédilection.

A travers mes recherches, j'ai constaté qu'apprendre une deuxième langue est complexe et que les enfants qui y parviennent ont un avantage par rapport aux enfants monolingues. C'est sur cette base que mes recherches ont débuté.

FJ : Assez rapidement, vous avez découvert qu'il pouvait y avoir des avantages à être bilingue. Pensez-vous qu'il y a des avantages neurologiques au bilinguisme ? C'est quelque chose que vous avez défendu dans vos recherches.

EB : Exactement. Et, encore une fois, cela a été une surprise. En 1978 ou 1980, il n'y avait que quelques recherches minuscules montrant ou affirmant que les enfants bilingues utilisaient des « connaissances métalinguistiques ». C'est un terme technique qui a beaucoup de syllabes, mais n'ayez pas peur.

Qu'est-ce que la connaissance métalinguistique ? L'idée est simple : il s'agit de comprendre que la langue a une structure. C'est quelque chose que vous devez assimiler pour apprendre à lire. Si vous ne savez pas que les mots ont des sons et que les sons peuvent être écrits sous forme de lettres, vous aurez du mal à apprendre à lire. Tout cela, soit dit en passant, est métalinguistique. À l'époque, cinq ou six études ont montré que les enfants bilingues avaient de meilleures connaissances métalinguistiques que les enfants monolingues, et que cela pouvait être important car nous voulons tous que nos enfants sachent lire et écrire. S'il y existait quelque chose en mesure de faciliter l'alphabétisation, nous le voudrions, n'est-ce pas ? Oui, nous le voulons. Alors, je me suis dit : *« D'accord, c'est cool, je vais le faire »*.

J'ai commencé à faire des études et il est devenu clair que, oui, il y avait certaines choses que les enfants bilingues faisaient mieux, des choses métalinguistiques, mais ce n'était pas tout. Il y avait un certain type de tâche dans laquelle les enfants bilingues réussissaient toujours mieux que les enfants monolingues, et je vais vous expliquer cela avec un exemple.

Imaginons que vous soyez tous les sujets de mon expérience. Imaginez que vous avez quatre ans. Maintenant, je vais vous dire une phrase et ce que je veux que vous fassiez, c'est me dire si elle est dite de la bonne ou de la mauvaise façon, d'accord ? « Les pommes poussent sur les arbres. » Bonne manière ! Ok, c'est génial. Maintenant, dites-moi juste si la phrase est dite de la bonne ou de la mauvaise façon : « Les pommes les arbres sur poussent. »

Bien sûr, c'est faux ! Maintenant, souvenez-vous, dite-moi juste si c'est dit de la bonne ou de la mauvaise façon, c'est tout ce qui compte : « Les pommes poussent sur les nez. » Est-ce que c'est dit de la bonne façon ? Oui, c'est dit de la bonne façon. C'est ce qu'on dit aux enfants : « C'est normal d'être ridicule parce que ça peut être amusant. Dites-moi juste si la phrase est dite de la bonne façon. »

Seuls les enfants bilingues peuvent le faire. Pourquoi ? Parce que vous leur dites qu'ils doivent faire attention à la forme alors que le sens les attire dans une autre direction. Puis j'ai pensé, *cela n'a rien à voir avec la connaissance métalinguistique, c'est quelque chose de plus grand*. Et c'est ce genre d'intuition qui m'a amené à penser que le bilinguisme faisait quelque chose d'autre.

FJ : Alors, que fait-il ? Je veux dire, il est facile d'imaginer des « superpouvoirs » chez les personnes bilingues : être bilingue peut vous aider à être meilleur en maths, à être meilleur dans tel ou tel domaine. Si vous lisez les articles dans les journaux aujourd'hui, chaque semaine il y a quelque chose de génial à propos du bilinguisme, mais que se passe-t-il dans le cerveau ?

EB : C'est un problème car, une fois que cette information a été diffusée, les bilingues étaient soudainement plus grands, plus intelligents, plus beaux – il y a même un article qu'un de mes collègues aime citer dans toutes ses conférences : « Les bilingues sont de meilleurs amants. » Mais le problème est que tous les effets que nous avons trouvés pour le bilinguisme sont très spécifiques, et ils sont exactement liés à cet exemple ridicule : être capable d'entendre une phrase, « Les pommes poussent sur le nez », et comprendre ce qui se passe, en ignorant ce que cela signifie. La clé est de ne pas prêter attention à ce que dit la phrase, car votre travail consiste à penser à la structure. Il s'agit d'un problème d'attention, comme lorsque quelque chose vous tire dans une autre direction, et que vous devez résister et vous concentrer. Le fait d'être bilingue permet de rester attentif à certains aspects insignifiants pour les autres, et cela, grâce au développement d'une partie du cerveau située dans le cortex préfrontal. C'est une partie très spécifique où se développent les processus cognitifs, et leur rôle est de nous permettre de rester concentrés même quand des éléments nous détournent de notre cible.

C'est donc un élément essentiel dans le développement cognitif des enfants et même durant toute leur vie. C'est pourquoi les enfants bilingues font des prouesses. Non pas qu'ils soient meilleurs ou plus intelligents : ils ont juste une meilleure attention et restent concentrés sur leur cible.

FJ : En pratique, qu'est-ce que cela veut dire ? Les enfants bilingues seraient-ils plus aptes à faire plusieurs choses à la fois ?

EB : Il est évident qu'ils le sont puisque l'aptitude à réaliser plusieurs tâches simultanément est d'abord une question d'attention. Pour les enfants bilingues, c'est très facile de poursuivre deux objectifs simultanément, mais cela n'est qu'un exemple parmi tant d'autres des avantages que procure le bilinguisme.

FJ : Cette aptitude est-elle uniquement l'apanage des enfants bilingues dès la naissance ?

EB : Non, en fait, plus on est bilingue et plus on le reste longtemps, plus on a d'aptitudes et de possibilités. Il ne s'agit pas d'être bilingue dès la naissance.

FJ : Qu'en est-il de votre recherche et vos expériences sur les adultes bilingues ? Que peut-on dire sur la vie d'un bilingue et quels sont les avantages que possèdent toutefois ceux qui le deviennent à un âge avancé ?

EB : La trouvaille la plus surprenante a été qu'à un âge avancé, lorsque les bilingues souffrent d'une neuropathologie, plus spécialement celle associée à la maladie d'Alzheimer et à d'autres formes de démences, les bilingues restent opérationnels sans exprimer les symptômes de cette maladie. Ils ont en réserve des ressources qui leur permettent de maintenir un niveau normal d'activité cognitive ce qui fait que la démence n'apparaît pas.

FJ : Au sujet, d'Alzheimer, votre découverte est très importante – dire qu'il suffit d'être bilingue pour en limiter les effets...

EB : Eh bien, c'est énorme, car la maladie d'Alzheimer est quelque chose qui inquiète chaque personne. Il n'y a pas une personne dans cette salle qui ne connaît pas quelqu'un ou qui a un membre de sa famille touché par cette horrible maladie. Elle est extrêmement répandue et constitue une peur énorme, liée au vieillissement. C'est donc important et ce que nous voulons savoir, c'est comment y échapper. Comment l'éviter ? Eh bien, comme pour toutes les maladies importantes, il y a beaucoup de recherches en cours pour trouver des solutions pharmacologiques. Dans le cas de la maladie d'Alzheimer, les progrès sont très, très minimes. Il y a environ trois ou quatre médicaments de référence qui, dans certains cas, en réduisent la gravité pendant un certain temps, et c'est tout. Je suis désolé de dire qu'il n'y a rien en préparation. Une pilule contre Alzheimer n'est pas sur le point d'apparaître.

L'alternative est donc de maintenir une capacité cognitive saine aussi longtemps que possible et, espérons-le, même aux tout premiers stades de la maladie affectant le cerveau. Plusieurs choses le permettent, certaines activités liées au mode de vie le permettent. On les appelle « activités de réserve cognitive ». L'une d'elles est l'enseignement supérieur. Plus vous avez d'éducation formelle, plus vous pouvez retarder les symptômes de la maladie en dépit de son immersion récente dans votre cerveau. D'autres activités le permettent aussi : maintenir un mode de vie très actif, multiplier les engagements sociaux, s'impliquer dans la sphère de l'alphabétisme, rejoindre un groupe de lecture. Tout cela aide à garder votre cerveau en bonne santé même si la maladie commence à se manifester. Mais de manière très spectaculaire, le bilinguisme en est l'un des grands facteurs. Lorsque vous regardez les études qui ont été réalisées (je dois dire qu'il doit y avoir environ 1500 patients à travers toutes les différentes études ou… Non, beaucoup plus. Environ 2500, je dirais), en moyenne, les patients diagnostiqués avec la maladie d'Alzheimer qui sont bilingues ont environ quatre ans de plus que les patients monolingues également diagnostiqués. Non pas parce qu'ils n'ont pas contracté la maladie, car le bilinguisme ne vous immunise pas contre Alzheimer, mais parce que lorsque la maladie survient, la manifestation de celle-ci est retardée. Et pour une maladie liée au vieillissement, comme Alzheimer, c'est ce qu'il y a de mieux à faire. Vous ne montrez pas de symptômes de la maladie, et cela signifie que vous avez trois ou quatre ou cinq ans pour vivre normalement, de manière indépendante, en tant qu'adulte en bonne santé, même s'il y a une pathologie d'Alzheimer dans votre cerveau.

FJ : Si on suit cette logique, il serait donc même plus avantageux d'être trilingue ?

EB : A ma connaissance, il n'y a aucune preuve que le trilinguisme soit plus avantageux que le bilinguisme, ou que d'autres éléments s'y additionnent. Par exemple, un enseignement supérieur ou une formation musicale boosteraient aussi le cerveau et retarderaient les symptômes, mais il n'est pas certain que cela soit un plus au bilinguisme. Cela pourrait même être le contraire, comme l'avance l'étude réalisée sur sept cents ou huit cents patients à Hyderabad en Inde. Ce qui est intéressant, c'est qu'en Inde, contrairement aux pays développés où être bilingue signifie être lettré, on peut être bilingue ou trilingue et n'être jamais allé à l'école.

On parle les langues du village dans lequel il n'y a ni école, ni formation. En Inde, on peut donc séparer bilinguisme d'éducation et classe sociale. Être bilingue est juste naturel. Nos recherches voulaient y étudier les effets du bilinguisme sur la maladie d'Alzheimer et notamment sur le retardement des symptômes. La chose la plus surprenante était que sur ces patients qui n'avaient jamais reçu d'instruction mais qui étaient bilingues, voire trilingues, les symptômes apparaissaient encore plus tardivement qu'ils n'apparaissaient chez les lettrés.

FJ : Il est très étonnant de voir combien la question du bilinguisme suscite de l'intérêt, des mythes, ... Et quels sont, selon vous, les plus grands mythes que nous devrions détruire à propos du bilinguisme ? Parce qu'en lisant ce que certaines personnes disent ou écrivent à ce sujet, on trouve beaucoup d'oppositions : les enfants seront retardés ou leur vocabulaire sera moins développé. On lit même des choses horribles sur les bilingues : qu'ils sont mentalement retardés, par exemple. C'est très troublant de voir autant de mythes, mais cela montre aussi qu'il y a beaucoup de passion autour du sujet du bilinguisme. Pourriez-vous nous aider à détruire certains de ces mythes, s'il vous plaît ?

EB : L'un des plus surprenants est celui selon lequel les enfants bilingues seraient troublés et n'auraient pas assez d'espace dans leur cerveau pour apprendre autre chose. Les enfants sont bien plus intelligents que nous le pensons. L'impression que les enfants sont confus repose sur cette idée folle que le cerveau n'a qu'un certain espace, et qu'une fois qu'on le remplit, il ne reste plus de place, et que tout devient alors trop confus : c'est ridicule. Le mythe numéro un que je voudrais détruire est que le fait d'être élevé dans deux langues ou plus, d'apprendre à parler deux langues, est en quelque sorte mauvais pour les enfants. Ce n'est pas mauvais pour les enfants. C'est une bonne chose.

FJ : Et à partir de quel âge devrait-on commencer à apprendre les langues ?

EB : Eh bien, je n'aime pas y penser en termes d'âge. Il y a une autre dimension très importante. Être éduqué en deux ou plusieurs langues forge le cerveau et est un exercice de mémoire, en plus du fait qu'elles soient le socle de l'interaction humaine et de la communication. Et juste pour cela, il est nécessaire d'apprendre des langues. On devrait s'y mettre aussi tôt que possible. Dans certains pays comme les États-Unis, pour être un bon citoyen, il faudrait connaître la langue principale, en l'occurrence l'anglais. Pour un nouvel arrivant, c'est un processus complexe de se tourner vers cette nouvelle langue, cette nouvelle culture, souvent très différentes de ce qu'il a connu jusqu'alors. Perdre ses langues et sa culture d'origine peut être problématique s'il ne peut plus communiquer avec ses proches restés au pays ; c'est ce qui arrive malheureusement à beaucoup d'enfants d'immigrés. La grande question n'est donc pas seulement à quel âge apprendre mais c'est aussi comment garder ces langues acquises antérieurement. Toutes ces langues nous définissent. Elles font partie de notre richesse culturelle.

FJ : Quels conseils donneriez-vous aux parents dans ce cas ?

EB : Parlez votre langue d'origine, enseignez-la à vos enfants, faites en sorte qu'ils puissent communiquer avec leur famille élargie et leurs grands-parents, car c'est la richesse de leur identité.

FJ : Oui. Dans le domaine de l'éducation, parfois les enseignants recommandent effectivement de ne pas parler la langue maternelle et ces choses que vous continuez malheureusement à entendre. Quel conseil donneriez-vous à ces enseignants qui interdisent aux enfants de parler leurs langues maternelles à l'école ?

EB : La question des éducateurs qui refusent que les langues maternelles soient parlées à l'école illustre bien ce conflit auquel je fais référence, entre la langue en tant que programme d'études et la langue en tant qu'élément de notre humanité. Je suis opposée à tout ce qui établit une hiérarchie linguistique et ce qui détermine quelles langues peuvent être parlées et avec qui. La langue est ce que nous sommes, on ne devrait jamais être limité dans les langues que l'on peut parler, mais malheureusement, ce n'est pas ainsi que fonctionne le monde et de nombreux endroits établissent de telles lois. Lorsque vous êtes à l'école et que vous voulez parler à un ami, et que vous partagez une langue, c'est fantastique, et vous devriez la parler. La langue, c'est d'abord un vecteur de communication, et la communication est l'essence de l'humanité. Lorsqu'on partage une langue avec quelqu'un, certaines émotions ne peuvent être exprimées que dans cette langue commune.

FJ : Et vous avez mentionné les grands-parents, la famille. On est également dans le domaine des émotions. Quel est l'impact du bilinguisme sur notre développement personnel et émotionnel ?

EB : C'est une question intéressante car il y a certaines parties de votre vie auxquelles vous ne renoncez jamais dans votre première langue, donc toutes sortes de règles viennent à l'esprit. Je ne veux pas énoncer des règles, mais plutôt ces sortes de vérités générales selon lesquelles, peu importe quelle autre langue vous apprenez (même si vous apprenez cette autre langue à un niveau beaucoup plus élevé, vous vivez dans un autre pays et cette autre langue prend le dessus dans votre vie), vous utiliserez votre première langue pour compter, prier et rêver. Vous ne renoncez pas à cela, et nier tout cela revient à nier qui vous êtes. C'est quelque chose que vous avez, qui fait toujours partie de vous. Les recherches et le travail que je fais montrent qu'en dehors de tout cela, le bilinguisme est bon pour votre cerveau. Je pense que c'est plutôt secondaire par rapport à cette question émotionnelle, qui touche à qui vous êtes fondamentalement, et essayer de le changer ou de le nier pose problème.

FJ : Qu'en est-il de la créativité ? Parce que c'est un mot à la mode qui revient sans cesse dans de nombreux domaines, pas seulement l'éducation. Y a-t-il un lien entre le bilinguisme et la créativité ?

EB : Certaines personnes l'affirment et mènent des recherches sur la question. Je les connais et on en a discuté quelques fois, mais j'en doute car, en tant que scientifique, il me faut des preuves irréfutables. Mais je ne pourrais nier le fait que nous soyons la somme de toutes les langues que nous parlons et de toutes les façons de voir le monde que nous offre chacune d'elles. C'est ce patrimoine qui nous permet d'imaginer – c'est grâce à ce mélange de langues et de vécus, qui nous donne plus d'aptitudes et d'ouverture.

FJ : Avant de prendre des questions du public, car je souhaite que cela soit une véritable conversation, pourriez-vous nous parler un peu de ce sur quoi vous travaillez actuellement et de vos recherches en cours ?

EB : J'ai deux grands projets en laboratoire. Le premier est une étude sur des adultes monolingues et bilingues d'un âge avancé, en moyenne de 74 ans. Nous étudions leur cerveau, plus exactement sa structure et sa fonction cognitive. Nous avons découvert que lorsque les bilingues sont diagnostiqués comme souffrant de démence, ils sont plus âgés et la maladie est déjà à un stade plus avancé. Dans cette étude que nous venons de terminer, tout le monde est en bonne santé, et si quelqu'un avait été diagnostiqué avec un problème clinique, il n'était pas inclus dans cette étude. Donc, tout le monde vit de manière indépendante, est en bonne santé et est cognitivement normal.

Deux choses. Premièrement, sur toutes les tâches cognitives que nous leur avons données, tout le monde a eu les mêmes résultats. Et deuxièmement, les cerveaux bilingues sont en plus mauvais état. Donc, malgré des cerveaux qui commencent déjà à montrer une détérioration mesurable, ces bilingues fonctionnent au même niveau. C'est le début de ce report des symptômes dont je parlais. En suivant cette logique, un monolingue dont le cerveau serait à ce niveau présenterait déjà des symptômes et ne pourrait pas être inclus dans notre étude, puisque nous n'acceptions que les personnes ne présentant aucun symptôme clinique. Donc, en moyenne, les bilingues sont destinés à une vie plus saine et plus longue que les tous autres.

La deuxième étude, celle que nous commençons tout juste, se situe à l'opposé : nous nous intéressons aux enfants. Au Canada, l'idée éducative d'enseigner le français aux enfants est devenue extrêmement populaire, bien que ce soit un programme développé il y a environ 40 ou 45 ans : l'immersion en français.

On prend des enfants anglophones et on les envoie à l'école. Leur journée entière se déroule en français, même si personne à la maison ne parle cette langue. Ces programmes ont commencé au milieu des années 60 et ont été très fructueux. De nombreuses recherches montrent que ces enfants se débrouillaient très bien en anglais et en français, personne n'a été lésé, tout allait bien.

Les programmes continuent à gagner en popularité, et aujourd'hui, ils sont si populaires qu'il y a des listes d'attente, des loteries pour y entrer, et ainsi de suite. Cependant, une chose a changé : dans les programmes originaux, le profil sociologique des enfants qui participaient correspondait à des parents de la classe moyenne et ayant un niveau d'éducation élevé, et le secret de polichinelle était que si les enfants ne réussissaient pas très bien, on leur demandait discrètement de partir. Ainsi, tout le monde dans ce programme réussissait de toute façon.

De nombreuses recherches ont montré qu'ils s'en sortaient bien, puis plus rien. Maintenant, la situation a changé car tout le monde veut y participer et les enfants qui vont à ces programmes viennent de l'ensemble du spectre social et linguistique. Ces enfants viennent d'horizons très divers et personne n'a étudié comment ils se débrouillent dans ces programmes d'immersion en français. Ce que nous examinons, c'est une étude de 4 ans. Nous venons de tester notre première cohorte de 250 enfants et nous commençons à analyser les données. Les premiers résultats sont : « Tout va bien, ils réussissent tous très bien. C'est là où nous en sommes ».

FJ : Très bien, merci Ellen.

Q&R

Q1 : Les bilingues sont-ils différents ? Par exemple, je suis né en entendant des langues, je ne les ai pas apprises. Vous savez, cela faisait partie de ma vie quotidienne d'entendre le français, l'anglais, le russe, etc. Suis-je différent de quelqu'un qui va à l'école et apprend une seconde langue ?

R : Eh bien, je pense que la différence est que vous êtes plus bilingue.

Q1 : Oui, mais, je veux dire, sommes-nous tous bilingues ? Ou est-ce que…

R : Vous soulevez un point important : le bilinguisme est complexe. Il n'y a personne (je veux dire, aucune personne instruite vivant dans une ville moderne) qui n'a pas été confrontée à d'autres langues. Il y a des exigences linguistiques à l'école, nous voyageons tous, nous apprenons les noms des aliments que nous aimons, etc. Ainsi, la langue se mêle d'une manière ou d'une autre à la vie de la plupart des gens, et donc, il faut avoir des critères pour décider à partir de quel moment une personne est bilingue. Il n'y a pas de bonnes règles à ce sujet, mais comme réponse simple et pratique, on pourrait dire que si vous pouvez communiquer couramment et efficacement dans plusieurs langues, même si vous faites des erreurs, même si ce n'est pas parfait, mais que cela fait partie de votre vie quotidienne, alors c'est du bilinguisme.

Q2 : Les avantages que vous décrivez pour les enfants parlant deux langues, peuvent-ils être appliqués aux enfants parlant plus de deux langues ? Trois ou quatre, ou est-ce une situation plus compliquée ?

R : Eh bien, nous n'avons pas trouvé beaucoup de preuves. Nous avons étudié les enfants trilingues et ils ne semblent pas être différents des enfants bilingues. Quelques études montrent que les adultes multilingues sont un peu plus avantagés que les adultes bilingues, mais je ne suis pas convaincue qu'il s'agisse d'effets réels. Le véritable changement consiste à passer d'un fonctionnement régulier dans une langue que vous pouvez parler à la capacité d'effectuer ces routines dans deux langues. Je pense qu'au-delà, le rendement est décroissant. Il y a vingt ans, j'avais l'habitude de donner cet exemple : le passage d'une famille sans enfant à une famille avec un seul enfant représente un changement énorme. Maintenant, pensez au passage d'un enfant à deux enfants. C'est un changement, mais le changement profond a déjà eu lieu, donc je pense que c'est un ajustement plus petit. C'est un peu comme ça que ça fonctionne : le plus grand ajustement se fait lors du premier saut.

Q3 : Mettant de côté la question du vieillissement de la population, y a-t-il une différence dans le cerveau selon qu'on devient bilingue à l'âge de 4 ans, 14 ans, 24 ans ou 40 ans ? Est-ce que cela fait une différence dans le cerveau ?

R : C'est une bonne question et je ne suis pas sûr de connaître la réponse, donc je vais y répondre de manière un peu détournée. Ce que nous savons, c'est que plus on est bilingue, mieux c'est. Et plus on a été bilingue longtemps, mieux c'est ; et plus tôt on est devenu bilingue, mieux c'est. Tout cela s'inscrit dans une histoire de durée. Si on commence à un âge différent ou si le point de départ est retardé, mais qu'on a ensuite 30, 40 ou 50 ans de bilinguisme, est-ce détectable ? Aucune idée, je n'en ai aucune idée, mais c'est une question importante. Mon intuition est que ce n'est pas le cas. Je pense que ce sont plutôt des effets de durée que tout autre chose, je ne crois pas qu'il y ait de périodes critiques pour ces questions, que ce soit pour apprendre une langue ou pour trouver ces résultats. Mon intuition est que c'est la durée et non le point de départ qui compte, mais je ne connais pas de recherche qui traite de cette question.

Q4 : Bonjour, ma question fait suite au sujet abordé par la deuxième intervenante concernant le multilinguisme. Je me demandais s'il est possible, disons, d'enseigner à vos enfants quatre ou cinq langues avant l'âge de dix ans. Vous avez deux parents qui parlent des langues différentes, et vos enfants vont à l'école et parlent une langue différente, et disons que vous avez une nounou qui parle encore une autre langue. Est-ce trop pour le cerveau d'un enfant ?

R : L'idée que le bilinguisme provoque la confusion et le retard mental est basée sur l'hypothèse que les cerveaux sont petits et fragiles, et qu'il y a une limite à ce que l'on peut y entasser. Mais ce n'est pas vrai, donc la réponse à votre question concerne la mise en place d'importantes ressources cérébrales face à une chose sur laquelle nous avons beaucoup moins de contrôle : le temps. Pensez à un jeune enfant dans les premières années de sa vie. Combien d'heures par jour est-il éveillé ? Maintenant, pendant ces heures d'éveil, il doit apprendre la langue et d'autres choses. Et nous savons qu'il peut apprendre deux langues, voire trois langues, mais la troisième n'est jamais aussi bonne. Est-ce parce que leur cerveau est limité ? Ou est-ce parce qu'il n'y a pas assez d'heures dans la journée pour qu'ils puissent pratiquer, absorber et apprendre ? Je dirais que la réponse est non : ils ne peuvent pas apprendre toutes ces langues. Non pas à cause de leur cerveau, mais parce qu'il n'y a pas assez de temps. Parce que la langue est difficile, il y a beaucoup d'informations à traiter.

Q5 : Merci pour cet exposé très intéressant ! J'aimerais savoir si, en parallèle des enfants anglophones qui ont fait l'objet d'une immersion francophone au Canada, vous avez aussi étudié des enfants francophones, venant du Québec par exemple, en immersion anglophone ?

R : Merci pour cette belle question ! En fait, la première étude qui fit surgir l'idée selon laquelle les enfants bilingues n'étaient pas mentalement retardés est venue de Montréal. L'étude a été réalisée par des chercheurs de McGill. Wally Lambert, qui est l'un d'entre eux et qui fait partie des pionniers de la recherche bilingue, et son élève Elisabeth Peel poussèrent leurs recherches et découvrirent que les enfants bilingues ne sont pas seulement doués en vocabulaire ou en conjugaison, mais dans toutes les matières. Ils ont étudié des enfants francophones apprenant l'anglais à Montréal, et les résultats sont extraordinaires. Ce fut un tournant dans mes recherches, car ces enfants bilingues réussissaient mieux dans tous les domaines. Quelle que soit la tâche, ce sont les enfants bilingues qui réussissaient le mieux. Ce sont les enfants francophones de Montréal apprenant l'anglais qui ont ouvert cette voie de recherche. Il y a toutefois quelques réserves à faire. En 1962, le Québec (en général, y compris Montréal) était, pour utiliser une expression sociologique très canadienne, une *Deux Solitudes*. C'est le titre d'un important livre canadien de Hugh MacLennan. *Deux Solitudes* : cela signifie qu'il n'y avait aucune interaction entre les Canadiens anglophones et francophones. Donc, en 1962, il fallait se demander qui étaient ces jeunes francophones qui apprenaient l'anglais. Cela a ouvert le champ et, de manière anecdotique, on pouvait dire que cela fonctionnait aussi bien, mais je pense qu'il y avait des facteurs sociologiques dans cette étude qui faisaient de ces enfants des cas particuliers.

Q6 : Je sais que beaucoup d'enfants sont exposés à plus qu'une langue dans la vie, et c'est un fait que lorsque plusieurs personnes sont exposées à une langue ou deux, elles ont au départ le même niveau dans les deux langues, mais la langue qui domine notre environnement a tendance à devenir celle que l'on parle le mieux.

Alors, en termes de ce que les enfants retiennent, de ce qu'ils apprennent lorsqu'ils sont jeunes, est-ce que cela disparaît, ou est-ce que cela reste, d'une manière ou d'une autre, quelque part dans le cerveau ?

R : Cela dépend. Il y a quelques études intéressantes sur les enfants adoptés à différents âges et emmenés dans d'autres pays il y a deux études importantes dans ce domaine de recherche, donc, c'est un sujet, la recherche sur les adoptés. L'une est une étude menée en France portant sur les adoptés coréens en France dans les années 50 ou quelque chose comme ça. Ces enfants auraient pu être amenés en France à différents âges, ils ont donc eu une exposition différente au coréen, puis ils sont devenus des enfants français parce qu'ils vivaient avec des familles françaises, etc. Et, dans tous les tests, il y avait très peu de preuves qu'il restait de la langue coréenne. Mais ensuite, il y a eu une étude de suivi réalisée à Montréal par Fred Genesee, qui est un merveilleux chercheur en bilinguisme. Il a étudié, je pense, les adoptés chinois au Canada, et là encore la même situation : ils ont été adoptés à différents âges, donc une fois arrivés dans leur nouvelle famille, ils n'ont plus jamais entendu leur langue. Y avait-il une trace dans le cerveau ? Oui, Fred a trouvé une trace. Lui, contrairement à l'étude précédente, a constaté qu'il y avait encore des traces dans le cerveau. Alors, lequel de ces deux résultats contradictoires est-il plus correct ? Des recherches supplémentaires sont nécessaires, mais c'est une question intéressante. Si vous avez cette exposition intense dès le plus jeune âge et que vous êtes retiré de cet environnement, est-ce que votre cerveau se souvient d'une certaine manière ?

Q7 : J'ai une question plus spécifique sur l'âge d'acquisition d'une langue. J'étais à la présentation d'un livre, écrit par une neuropsychiatre qui enseigne à UCLA sur un sujet très proche. Elle soutient qu'un enfant qui apprend une langue étrangère à cinq ans a encore la capacité d'apprendre une autre langue, mais plus l'âge avance, plus difficile ce sera. J'ai un ami qui enseigne l'allemand aux enfants de 5ème (12-13ans) et il soutient que ceux de ses élèves qui sont déjà entrés dans la puberté rencontrent des difficultés à acquérir cette nouvelle langue. Alors, j'ai deux questions : si à cinq ans, on a toutes les facilités à apprendre une langue, est-ce aussi aisé pendant l'adolescence d'en apprendre une nouvelle ? Et la limite de l'adolescence, est-ce un moment important pour la facilité d'acquisition de la langue ?

R : Cet âge de cinq ans, je n'en ai jamais entendu parler et je ne trouve aucune logique à un âge particulier auquel il serait approprié d'apprendre une langue. Il est certain toutefois que l'âge est un facteur qui joue dans l'acquisition d'une nouvelle langue, et que cela va dans le sens inverse, plus on prend de l'âge, moins facile il est d'acquérir une nouvelle langue. Mais cela dépend de plusieurs facteurs non seulement biologiques mais aussi liés au déclin de l'apprentissage à la puberté. Dire que l'on ne peut plus apprendre de langue après un certain âge est juste un mythe, il n'y a aucune preuve.

FJ : Voici un autre mythe démystifié !

Q8 : C'est un honneur pour moi de vous voir ! Je suis enseignant, et vous savez que les enseignants posent beaucoup de questions. J'ai eu le privilège d'avoir beaucoup d'élèves dont les parents étaient diplomates et voyageaient dans plusieurs pays. J'enseigne actuellement à un enfant qui parle turc, hongrois, espagnol, français et chinois, et je lui demande souvent comment il fait.

R : C'est remarquable. Les langues de cette liste n'ont aucun lien entre elles.

Q8 : Oui, et de plus il est un pianiste accompli et n'a que 13 ans. Alors, je lui ai demandé, apprends-tu la langue comme n'importe quelle autre matière ? Serait-il possible qu'une personne puisse apprendre la langue comme elle apprend les mathématiques ?

R : Eh bien, vous êtes l'enseignant, dites-moi.

Q8 : C'est ce que je pense. Il est très sérieux, s'il doit obtenir cent, il l'obtient. Je viens de lui remettre une médaille d'argent dans mon examen national d'espagnol, donc ce n'est pas seulement avec moi, c'est dans les examens d'état nationaux.

EB : Eh bien, cela semble être un enfant extraordinaire. A-t-il des amis ?

Q8 : Non, il n'a pas d'amis, (rires).

EB : Eh bien, je pense que toutes les variations individuelles sont possibles. L'expérience humaine est sans limite dans sa variation. Ce que vous décrivez est hors de l'échelle en termes d'exceptionnalité, mais c'est un enfant, donc c'est possible. C'est un cas atypique, en dehors de la plage normale des événements.

Q9 : Quel est le moyen le plus efficace pour apprendre une seconde langue à un enfant dans les premières années de sa vie ?

R : C'est une bonne question et je crois que les enseignants présents dans la salle pourraient donner de meilleures réponses. Je ne suis pas une pédagogue.

Q10 : Bonjour, avez-vous déjà remarqué (peut-être que cela a plus de sens chez les enfants, mais ma question ne se limite pas aux enfants) une corrélation entre les personnes qui sont bilingues et la capacité à changer de code intuitivement ou à comprendre différents registres ? Les enfants, par exemple, savent que l'on parle à ses amis d'une certaine manière, et à ses enseignants ou au directeur d'une autre manière, ou à ses grands-parents d'une autre manière. Y a-t-il une corrélation ?

R : Je ne le sais pas, parce que les enfants monolingues ont aussi cette habilité. Ce n'est pas réservé aux bilingues de décoder, comprendre les registres linguistiques ou les figures de style. Le français a par exemple une structure formelle et informelle plus différenciée que l'anglais. Certaines langues sont tellement différenciées en fonction du registre linguistiques qu'elles en deviennent des dialectes différents, comme le Malaysien, qui a trois langues différentes qui déterminent le registre social dans lequel on se situe. Mais je pense qu'au sein d'une même langue, c'est une question qui relève de la sociolinguistique. Les enfants bilingues comprennent-ils mieux cela ? Je n'en ai aucune idée.

Q11 : Docteure Bialystok, sur la base de vos ouvrages, de vos recherches et de ce que vous avez dit ici ce soir, j'ai une idée de ce que nous devons faire en tant que défenseurs de l'éducation bilingue et en langues étrangères, mais j'aimerais vous entendre dire explicitement les conseils que vous pourriez avoir pour nous en tant que parents, éducateurs, et acteurs concernés par les langues étrangères aux États-Unis. Avez-vous des conseils à nous donner ? Nous connaissons Fabrice. C'est un fervent défenseur, il a fait avancer la Révolution bilingue à New York et au-delà, mais je sais que vous apportez également votre expérience du Québec et du Canada. Y a-t-il des mots que vous pourriez nous dire ce soir ?

R : Ma première réaction est de dire qu'en tant que parents, éducateurs et défenseurs communautaires, vous entendrez beaucoup de résistances, on vous dira que si les enfants ont des problèmes à l'école, vous devriez supprimer une langue, on vous dira qu'en tant que parents qui ne parlent pas anglais à la maison, vous faites du tort à vos enfants. Vous entendrez des gens faire des arguments très bruyants sur les raisons pour lesquelles ajouter des langues à la vie de votre enfant sera néfaste, et la chose la plus importante que je puisse vous dire, c'est qu'ils ont tort !

Vous devez résister à tout cela. Vous devez être sûrs de vous lorsque vous parlez à vos enfants en français. Lorsque vous envoyez votre enfant à l'école et que l'enseignant dit : « Les notes de l'enfant en mathématiques sont médiocres, et je pense que c'est parce qu'il parle français à la maison », vous devez dire : « Je sais que ce n'est pas pour cette raison que ses notes en mathématiques sont médiocres ». Je pense que le meilleur conseil que je pourrais donner est d'être confiant dans votre position et dans votre dévouement à améliorer les compétences linguistiques de vos enfants, car cela n'est pas largement accepté, ce n'est pas la position officielle en matière d'éducation, ce n'est pas la politique gouvernementale officielle, certainement pas dans ce pays. Soyez sûrs de vous, puis battez-vous. Je pense qu'au-delà de cela, vos instincts en tant que parents, enseignants et participants communautaires vous montreront la voie.

Q12 : Je suis aussi enseignant, et ma question est peut-être stupide. Je parle aux parents et leur explique l'importance d'apprendre les langues. Je ne sais pas combien ils apprennent de moi, mais j'essaie, alors pourriez-vous s'il vous plaît nous dire quelles sont les découvertes récentes sur le fonctionnement du cerveau des apprenants bilingues ? Quelque chose que nous pourrions comprendre. De même, s'il y a des manuels sur le sujet, je les exploiterais volontiers. Que se passe-t-il exactement dans le cerveau ? Pourriez-vous nous donner quelques exemples concrets, liés à la neurologie ? Tout ce qui a trait au phénomène du bilinguisme.

R : La principale chose que le bilinguisme change dans le cerveau est la façon de procéder et la structure de la partie frontale du cerveau, dont le rôle est de maintenir l'attention. Dans cette salle par exemple, il y a des gens, des objets, des drapeaux, des fenêtres, il y a énormément de choses, mais notre cerveau sait sur quoi doit être portée notre attention. C'est cette partie-là qui le fait, elle détermine toute l'habilité cognitive ; le bilinguisme développe cette partie-là, c'est ce qui fait que les bilingues ont un meilleur contrôle de leur attention, ce qui leur permet aussi de pouvoir faire plusieurs choses en même temps. Je ne préfère pas parler d'« avantages des bilingues », mais plutôt, comme certains collègues, de « désavantage des monolingues ». Le problème dont on devrait parler c'est donc le monolinguisme, qui ne procure pas l'habilité d'une attention soutenue. Alors, certains de mes collègues et moi avons proposé une meilleure façon d'en parler : « le désavantage monolingue ». (Rires)
Si vous pensez plutôt que la plupart des gens dans le monde sont en réalité bilingues et que la formation de ces capacités attentionnelles vient avec le fait d'être bilingue, alors le véritable problème dont nous devrions parler concerne les pauvres monolingues qui n'ont pas ces capacités attentionnelles aiguës. Ainsi, cela a à voir avec l'attention requise pour contrôler les informations

qui entrent et sont prises en compte : le processus principal dans le fonctionnement cognitif.

Q12 : En plus du fonctionnement cognitif dont vous parlez, lorsqu'un étudiant ou un enfant bilingue fait du code-switching (nous parlons du cerveau), comment pouvons-nous le soutenir quand il fait cette transition et se retient par peur de ne pas pouvoir communiquer correctement les informations demandées ? Qu'en dire quand cela conduit à avoir une faible estime de soi parce que l'environnement exige de répondre en langue X, Y ou Z ? Aussi, il y a un moment particulier de fonctionnement dans le cerveau, lorsque l'enfant ou l'adulte fait du code-switching. Comment pouvons-nous l'identifier et le soutenir de manière à ce que l'individu ne se replie pas et communique ?

R : C'est intéressant, je n'ai jamais entendu parler d'un lien entre ces choses, je n'ai jamais entendu parler du code-switching comme relié à une faible estime de soi, cela existe ?

Q12 : Eh bien, lorsque vous faites du code-switching, vous vous sentez confiant ou non sur ce que vous allez exprimer, et si vous n'êtes pas confiant, vous ne pourrez pas l'exprimer. Certains enfants le feront peut-être s'ils ont le vocabulaire, mais ils utiliseront les deux langues et diront la phrase.

R : Le code-switching est compliqué, et vous avez introduit une dimension à laquelle je n'ai jamais pensé auparavant, alors je vais simplement dire quelques mots sur le code-switching.

Q12 : Moi, je fais aussi des recherches, alors…

R : C'est une dimension intéressante, je n'y avais pas pensé. À quel moment le code-switching devient-il une expérience négative ? Ce qui essentiel pour le code-switching, c'est le contexte linguistique dans lequel il se produit. Il y a cet ensemble d'idées merveilleux mais très technique, que certains de mes collègues, David Greene et Jubin Abutalebi, ont forgé. Ils parlent des conséquences du bilinguisme en termes de trois environnements de code-switching uniques, et ils soutiennent que chacun d'entre eux entraîne ses conséquences. Maintenant, aucun d'entre eux n'a abordé la question que vous avez soulevée, et je vais devoir y réfléchir un peu, mais revenons en arrière.

Ces trois environnements sont une langue chacun. Cela signifie que je ne parle que français à la maison, je ne parle qu'anglais au travail, et il est important de bien le faire car les personnes avec qui je traite dans chacun de ces contextes ne comprennent que cette langue. C'est une grande pression. Ensuite, il y a le second, l'environnement bilingue où vous êtes avec des personnes qui, vous le savez, comprendraient l'autre langue si elle sortait. Cela vous permet de l'utiliser, c'est un ensemble de circonstances différent. Et enfin, le troisième, celui qui nous intéresse, c'est ce qu'ils appellent le « code-switching dense » : un environnement où tout le monde parle les deux langues.

Le premier exemple auquel je pense est celui de Montréal. À Montréal, on suppose que tout le monde parle les deux langues. Lorsque vous entrez dans un magasin ou un restaurant à Montréal, lorsque vous entrez dans l'aéroport de Montréal pour passer la sécurité, où que vous soyez à Montréal, on vous accueille avec la phrase suivante : « Allo, bonjour ». Et l'hypothèse est « Peu importe la langue que vous parlez, tout va bien ». Ce qui est intéressant, c'est que, si vous êtes dans un environnement de code-switching dense tout le temps, où tout le monde parle les deux langues et cela n'a pas d'importance sur celle que vous parlez, il n'y a pas beaucoup d'avantages cognitifs parce que cela n'a pas d'importance, vous n'avez pas à choisir : dites ce que vous voulez, changez au milieu d'une phrase, changez au milieu d'un mot, peu importe.

En tant que contexte environnemental, le code-switching contraint ces types de résultats. Vous avez soulevé cet autre point auquel je n'avais pas pensé, que parfois le code-switching pourrait entraîner des conséquences négatives sur l'estime de soi, donc je dois supposer que vous êtes confronté à un environnement où la langue a un statut social différent. Ce n'est pas une capacité globale. C'est le statut social.

Cela soulève des questions qui vont bien au-delà de ce que fait le cerveau, ou de ce que sont les répercussions cognitives. Parce que la langue est politique, elle est sociale, elle a toutes ces dimensions et c'est pourquoi elle est aussi multidimensionnelle, tout est très complexe. Donc, si vous êtes dans un environnement où vous êtes soudainement incapable de communiquer, et que votre seule option est de produire un mot d'une langue à faible statut qui entraînera peut-être une conséquence négative, c'est compliqué, mais cela n'a rien à voir avec ce dont j'ai parlé.

Q13 : Je voulais juste souligner ce point, avant que vous ne le fassiez, cela a à voir avec le statut des langues. Je voulais également rectifier certaines choses que vous avez dites plus tôt, peut-être qu'il est vrai que dans la plupart des pays occidentaux, le bilinguisme est associé à l'élite, mais nous sommes à New York, et nous sommes aux États-Unis, et il y a plus de langues doubles et de bilinguisme, il y a plus de deux langues utilisées par des personnes de statut inférieur ici, mais c'est un fait démographique concernant ce pays. C'est pourquoi souvent la conversation, je veux dire, ce dont nous parlons ici, n'est pas représentative lorsque nous parlons de français, d'allemand et d'anglais : ce n'est pas New York…

R : Vous avez raison, je suis contente que vous ayez soulevé ce point. Je veux en fait terminer en amplifiant ce point, car je pense que c'est un fait très important que les États-Unis sont une exception. Je viens de très près. C'est un trajet en avion d'une heure pour rentrer chez moi. Le Canada est une situation complètement différente. Toronto, où je vis, est considérée comme la ville la plus diversifiée du monde, plus diversifiée que New York, plus diversifiée que Los Angeles. Voici quelques faits : dans la région du Grand Toronto, il y a 5,8 millions de personnes et 63% des ménages n'utilisent pas l'anglais comme langue principale. Ils peuvent utiliser l'anglais en plus de quelque chose d'autre, ou seulement quelque chose d'autre, mais 63% des ménages n'utilisent pas seulement l'anglais, d'accord ? Alors, quelles autres langues parlent-ils ? Si cette question était posée aux États-Unis, la réponse serait l'espagnol.

Ce n'est pas le cas ici. Les autres langues, les langues non anglaises, sont au nombre de 224. C'est-à-dire 224 langues non anglaises. Et certaines d'entre elles sont des « langues de niche », par exemple, des langues autochtones que peut-être seulement 12 personnes parlent, mais elles comptent, ce sont des langues. Maintenant, reliez cela à ce point sur le statut social, qui est très important. Certaines langues ont inévitablement plus de reconnaissance sociale que d'autres. Mais quand vous avez 224 langues, ce n'est vrai que toutes ont un statut inférieur à l'anglais. Très près d'ici, nous avons un profil complètement différent de ce que signifie le bilinguisme et c'est très bien, et personne ne s'en offusque.

À Toronto, certains quartiers ont historiquement accueilli diverses communautés ethniques et linguistiques, et beaucoup des représentants de ces quartiers se rendent à la mairie et disent : « Hé, vous savez, nous aimerions avoir des panneaux de rue en grec, en italien, en portugais, etc. », et la mairie les finance. Et donc, il y a des panneaux de rue en grec, en italien, en portugais, qui disent : « C'était le quartier où les Grecs se sont installés, ou les Portugais se sont installés et ainsi de suite. » Ce n'est pas dénigré, ce n'est pas une conséquence inévitable du plurilinguisme et du pluriculturalisme, bien que ce soit un problème qui doit être constamment abordé. Ainsi, je pense que la situation aux États-Unis, où les différences de statut pour les langues sont si marquées, est l'exception.

FJ : Remercions Ellen Bialystok pour cet excellent échange. Merci beaucoup.

L'éducation bilingue pour les jeunes enfants

Services culturels de l'Ambassade de France aux États-Unis, 19 mai 2018.
Remarque : les intervenants sont appelés « FJ » (Fabrice Jaumont), « EB »
(Ellen Bialystok)

L'éducation bilingue est une option éducative dans de nombreux pays depuis plus de 50 ans, mais elle reste controversée, en particulier en termes de pertinence pour tous les enfants. Ellen Bialystok examine les recherches évaluant les résultats de l'éducation bilingue en termes de niveaux de langue et d'alphabétisation, de réussite scolaire, et de pertinence pour les enfants ayant des défis spécifiques. L'accent est mis sur l'éducation précoce et le contexte principalement considéré est celui de l'Amérique du Nord. Une attention particulière est accordée aux facteurs, comme le statut socio-économique, qui sont souvent confondus avec les résultats de l'éducation bilingue.

FJ : Bonjour à tous. Je suis ravi de vous présenter à nouveau la Professeure Ellen Bialystok pour cette deuxième partie de notre conversation. Nous sommes très chanceux de l'avoir parmi nous. La Professeure Bialystok est une pionnière dans le domaine du bilinguisme et ses dernières recherches sur le cerveau et la cognition ont permis de mieux comprendre les fonctions cérébrales associées à la maîtrise de plusieurs langues. Pourriez-vous nous expliquer votre parcours et ce qui vous a poussé à vous intéresser à ce domaine de recherche, ainsi qu'à New York ?

EB : Merci à tous d'être là ! Mon domaine d'études était la psychologie du développement et mon intérêt était porté sur les langues et le développement cognitif. Je voulais comprendre la façon dont les enfants apprennent les mots et comment le système cognitif se développe. Après mon diplôme universitaire, j'ai cherché un emploi et n'aurais pas pu prédire ce qui est arrivé. Je me suis retrouvée par hasard à étudier l'acquisition d'une deuxième langue. Mes enfants apprenaient le français à l'école, et à cette époque l'acquisition d'une deuxième langue n'était pas un domaine d'étude en psychologie, il relevait plutôt de la linguistique appliquée. Ce sont deux domaines différents. J'étais juste chanceuse d'être la première personne à m'intéresser à ce domaine d'acquisition d'une deuxième langue à travers un regard de psychologue. C'était passionnant, le sujet étant encore inexploité. Il y avait des questions qui n'avaient jamais été posées auparavant qui se sont avérées être mes sujets de recherche par la suite. Pendant les 15 ou 20 années qui suivirent, mon domaine d'étude a été la façon dont les enfants deviennent bilingues. Je me rendais compte que les enfants bilingues développent des idées et des concepts que tous les enfants devraient développer en vue d'apprendre à lire, c'est-à-dire le choix des mots et des lettres à utiliser. Ces nouvelles connaissances essentielles venaient aux enfants bilingues plus facilement qu'elles ne venaient aux autres enfants.

Certains concepts étaient plus clairs pour les enfants bilingues, et puisque ces concepts sont la base de l'alphabétisation, leur étude est devenue particulièrement intéressante. Nous sommes en effet tous concernés par ce sujet. Nous avons étendu ce domaine de recherche à ce que nous appelons « fonction exécutive » ou « processus de contrôle exécutif », qui nous rappelle sur quoi garder notre attention et sur quoi rester concentré lorsqu'il y a des distractions. Mon exemple favori, lorsque j'aborde la question de la fonction exécutive, est la conduite sur autoroute. Il y a différents éléments qui peuvent simultanément capter notre attention mais par notre volonté, nous sommes capables de rester concentrés sur ce qui est le plus important. On ne se mettra pas à envoyer des messages ou à changer les stations de radio ou à se préoccuper des enfants qui se chamaillent sur la banquette arrière. Toutes ces choses, à ce moment-là, sont des distractions et c'est là qu'intervient la fonction exécutive. On remarque que dans leur processus de développement, les enfants bilingues développent cette fonction exécutive, qui permet d'accomplir certaines tâches ou de rester concentré sur d'autres, six mois ou une année plus tôt que les autres enfants.

Vers les années 2000, j'ai commencé à étendre cette recherche aux adultes. Nous vivons dans un monde devenu très concurrentiel et au cours de la vie, de notre plus jeune âge jusqu'à un âge avancé (même avec l'apparition de certaines maladies et démences), le bilinguisme influence tous les aspects de la fonction cognitive.

FJ : Dans cette salle, nous avons la présence d'enseignants ainsi que de responsables d'établissements scolaires, et nous constatons que le bilinguisme connaît une véritable croissance à New York. Outre l'acquisition d'une nouvelle langue, on attribue au bilinguisme la capacité de développer de nouvelles compétences et de réussir mieux à l'école. Il est avancé que le bilinguisme pourrait aider à améliorer la lecture, l'écriture et même les performances en mathématiques. Mais ces avantages sont-ils réels ? Quels sont les bénéfices et les valeurs ajoutées du bilinguisme que nous pouvons retenir ?

EB : Je voudrais aborder cette question sous un angle différent. Il existe des domaines documentés de réussite scolaire et de développement cognitif qui peuvent être considérés comme bénéficiant du bilinguisme. Il y a d'autres domaines de réussite scolaire et de développement cognitif pour lesquels le bilinguisme n'a aucun effet. Il peut y avoir quelques domaines mineurs pour les enfants en bonne santé et au développement typique où le bilinguisme pourrait poser un problème ; je clarifie : si vous avez entendu dire « Il n'y a pas de domaines où les étudiants bilingues sont moins performants », eh bien, il y en a. En moyenne (ce qui ne signifie pas tous les bilingues) les bilingues ont, dans chaque langue, un vocabulaire plus petit que les locuteurs monolingues de cette langue, et il peut leur falloir 15 millisecondes de plus pour retrouver un mot. Mais vous savez ce qu'est une milliseconde : c'est un millième de seconde. Voilà les inconvénients. Cependant, les bilingues peuvent parler deux langues, et cela n'a rien à voir avec les résultats cognitifs ou scolaires.

Donc, si nous voulons préparer nos enfants à découvrir le monde, je pense que leur donner des langues est une responsabilité, car cela permet la communication entre les cultures, les voyages, la compréhension, etc. Oui, il y a des avantages cognitifs réels. Et il n'y a pas de déficits cognitifs sérieux, mais nous devons nous souvenir que tout cela se fait dans le but de donner aux enfants la capacité de parler une autre langue, et ce n'est jamais mentionné dans ce type de recherche, je suis désolé de le dire.

FJ : Mes filles étudient dans une école à Greenpoint, PS110, qui propose un programme bilingue en français. Quelles sont les recommandations et règles à suivre en ce qui concerne l'âge d'entrée dans les programmes bilingues proposés dans les écoles de New York, tels que ceux en français, italien, allemand, russe, urdu, etc., et quels conseils pouvez-vous donner à ce sujet ?

EB : Il n'y a pas de limite d'âge pour apprendre une nouvelle langue, de la même manière qu'il n'y a pas d'âge idéal pour commencer. Les enfants sont souvent plus aptes à apprendre une nouvelle langue car cela leur demande moins d'efforts que les adultes. Cependant, l'apprentissage d'une nouvelle langue par les adultes est plus difficile car ils doivent être capables de l'utiliser dans des situations plus variées et complexes. Bien qu'il ne soit jamais trop tard pour apprendre une nouvelle langue, il est recommandé de commencer tôt avec les enfants, car ils ont généralement moins de responsabilités scolaires et peuvent se concentrer davantage sur l'apprentissage de la langue. Les avantages cognitifs du bilinguisme ne dépendent pas de l'âge auquel on a commencé à apprendre la deuxième langue, mais plutôt de la durée pendant laquelle on a été bilingue. Il ne s'agit que de connaître un petit vocabulaire de cour de récréation, des noms de choses qui les entourent et d'interagir dans des dialogues simples avec les personnes. Cela ne demande pas beaucoup d'efforts.

En revanche, les adultes qui apprennent une deuxième langue ont des tâches d'apprentissage plus complexes, telles que négocier un prêt hypothécaire ou aller à la banque. Ainsi, lorsqu'on compare les capacités d'apprentissage de la deuxième langue entre les enfants et les adultes, il est important de noter que l'on ne parle pas du même problème, mais plutôt de l'apprentissage de différentes compétences. Les jeunes enfants ont moins de choses à apprendre et par conséquent, il est relativement plus facile pour eux d'apprendre une nouvelle langue.

Je crois qu'une autre raison pour laquelle il est avantageux de commencer l'apprentissage d'une deuxième langue dès le plus jeune âge est que, pour les enfants ayant un développement normal et un niveau d'intelligence suffisant, le programme scolaire standard n'est pas très difficile. Bien sûr, cela peut varier selon les pays et les écoles. Dans l'ensemble, les enfants peuvent suivre le programme scolaire avec succès et s'ils travaillaient un peu plus, ils pourraient même mieux réussir. L'apprentissage d'une deuxième langue peut donc être un complément intéressant au programme scolaire standard qui ne les stimule pas suffisamment. Toutefois, cela ne signifie pas qu'il ne faut pas commencer plus tard, car l'introduction d'une langue est toujours bénéfique et devrait être entreprise dès que les opportunités se présentent.

FJ : En effet, même si nous manquons l'opportunité de commencer à apprendre une deuxième langue plus tôt, il est toujours possible de le faire plus tard dans la vie et de bénéficier des avantages du bilinguisme. Il n'est jamais trop tard pour apprendre une nouvelle langue et améliorer ses compétences linguistiques.

EB : Oui, en effet, les avantages dont je parle, comme les changements observés dans le cerveau, sont liés à la durée du bilinguisme et non à l'âge auquel on commence à devenir bilingue. Bien sûr, le fait de commencer tôt signifie que l'on aura plus d'années de pratique de la langue, mais ce qui est vraiment important, c'est la proportion de notre vie que l'on passe en tant que bilingue. Donc, même si l'on manque le point d'entrée idéal, il est toujours possible de bénéficier des avantages du bilinguisme plus tard dans la vie.

FJ : Est-ce donc vrai que mes filles seront des championnes de mathématiques quand elles finiront leur cursus scolaire ?

EB : J'en suis certaine Fabrice, mais pas grâce au français. (Rires)

FJ : Quels sont les autres avantages dont nous pourrions parler ? Evidemment hier soir nous avons abordé le sujet des « mythes », mais pour les enseignants et parents qui sont ici, quels avantages et résultats devrions-nous attendre de l'éducation bilingue ?

EB : Je ne vais pas vous présenter une analyse académique des potentiels avantages, mais plutôt vous dire que des études ont montré que le fait d'évoluer dans deux systèmes d'apprentissage peut présenter des avantages puisque chaque langue a ses propres méthodes. Cependant, selon moi, l'avantage indéniable pour les enfants qui apprennent une deuxième langue est le développement de leur système de fonction exécutive. Ce système est celui qui prédit tous les résultats, tels que les réussites académiques, la santé à long terme, la richesse, le bien-être et la stabilité dans les relations. Vous avez peut-être entendu parler du test du chamallow.

FJ : Qu'est-ce que le test du chamallow ?

EB : C'est une étude très célèbre réalisée ici, à New York, il y a environ 40 ans, qui s'intéressait à la gratification différée. On donnait un chamallow à des enfants de 4 ans, avec la possibilité de le manger immédiatement, ou d'attendre dix minutes pour en obtenir deux autres.

FJ : Je vois ce que vous voulez dire, des chamallows, comme dans les dessins animés, n'est-ce pas ?

EB : Oh, ouais ! Donc, on dit à l'enfant : « Voilà, c'est ton chamallow, tu peux le manger maintenant si tu veux, mais si tu attends dix minutes, je t'en donnerai deux », et ensuite celui qui conduit l'expérience quitte la pièce, mais les caméras continuent de filmer. C'est hilarant parce qu'ils regardent les chamallows et certains enfants les prennent et les mangent. Donc, blablabla... Tout cela a été documenté. Certains ont réussi à attendre et ont obtenu deux chamallows, mais il y avait tout un tas d'enfants qui n'ont pas attendu, qui ont juste mangé le premier chamallow. C'était il y a quarante ans, et tous les dix ans depuis, ces mêmes enfants ont été ramenés au laboratoire : ceux qui n'ont pas mangé le chamallow ont mieux réussi dans la vie. C'est vrai. Ce qui a aidé ceux qui n'ont pas mangé le chamallow, c'est le contrôle exécutif qui surveille votre comportement, vos impulsions. Ce qui vous donne la force d'inhiber ce désir immédiat, de vous concentrer sur autre chose, c'est le contrôle exécutif.

FJ : Je vais l'essayer chez moi ce soir ! Alors, comment les écoles peuvent-elles faire face aux nombreux facteurs qui peuvent influencer le bilinguisme et l'éducation bilingue, tels que le contexte socio-économique, le parcours et la culture, et aider les élèves à devenir bilingues ?

EB : Tout d'abord, il convient de préciser que la question se base sur une prémisse fondamentale, à savoir que le développement de la fonction exécutive est au cœur de la question de l'éducation bilingue. Cependant, il est important de noter que l'influence socio-économique est également un facteur important, tout comme le niveau de contrôle attentionnel de l'enfant, qui varie d'un enfant à l'autre. Des études ont montré que les enfants bilingues sont généralement plus performants que les autres dans le contrôle de la fonction exécutive, que ce soit à l'âge de 4, 6 ou 8 ans. Ils acquièrent ces compétences plus rapidement et de manière plus efficace. Ainsi, la question est de savoir comment les écoles peuvent surmonter ces différents facteurs pour aider les élèves à devenir bilingues.

Je pense qu'il est important de souligner que le contexte socio-économique et le parcours de l'enfant sont des facteurs qui peuvent exercer une influence sur le bilinguisme et l'éducation bilingue. Cependant, il existe des études qui ont démontré que le bilinguisme peut offrir des avantages significatifs aux enfants, quel que soit leur contexte socio-économique. Par exemple, une étude menée aux États-Unis, portant sur 18 000 enfants de différents niveaux socio-économiques, a montré que les enfants bilingues obtenaient les meilleurs résultats en matière de fonction exécutive, même à des niveaux socio-économiques très bas. Les enfants bilingues semblent également être meilleurs dans le contrôle de leur attention. En somme, les avantages du bilinguisme pour les enfants sont indéniables, peu importe leur contexte socio-économique, et les écoles peuvent jouer un rôle important en encourageant et en facilitant l'apprentissage de deux langues.

Une chose importante à considérer est que les troubles de l'attention sont liés à un déficit dans le cerveau, en particulier dans le système de la fonction exécutive. Les enfants qui ont des troubles de l'attention ne peuvent pas contrôler leur attention, même s'ils le souhaitent. Dans ce cas, le bilinguisme peut être peu utile, voire handicapant. Dans une étude sur des personnes atteintes de TDAH (Trouble Déficitaire de l'Attention avec ou sans Hyperactivité), les adultes bilingues ont montré plus de difficultés que les monolingues. Par conséquent, il est important de rester vigilant lorsque les enfants rencontrent des difficultés dans un programme bilingue. L'établissement scolaire peut être tenté de les remettre dans un cursus monolingue, mais il est important d'abord de comprendre précisément les problèmes de l'enfant, tels qu'une déficience neurologique comme la dyslexie. Si le problème est un trouble neurologique, changer de cursus n'aura probablement pas d'impact positif sur ses résultats. Toutefois, si le problème est un trouble diagnostiqué du contrôle de l'attention, une décision plus réfléchie doit être prise.

FJ : Je pense que l'éducation bilingue est encore mal comprise dans ce pays, souvent perçue comme une transition pour les enfants d'immigrés parlant une autre langue, vers une maîtrise exclusive de l'anglais. Les enfants ont accès aux opportunités auxquelles l'apprentissage de l'anglais aux Etats-Unis donne accès, mais en échange, ils passent d'une langue à l'autre. Ils sont, par exemple, monolingues français ou monolingues chinois, et ils deviennent des locuteurs anglophones monolingues. Que diriez-vous à ce sujet ?

EB : En effet, il est important de considérer cet aspect lorsqu'il est question d'éducation bilingue. Dans une communauté où deux langues sont parlées, la langue dominante est souvent considérée comme étant la plus prestigieuse, ce qui peut influencer les apprenants. Cependant, dans le cas des programmes bilingues, si l'objectif principal est d'enseigner aux enfants la langue dominante de la communauté, par exemple l'anglais, et que les enfants parlent français à la maison et fréquentent l'école pour apprendre la langue dominante, cela diffère grandement d'un programme où la langue dominante est l'anglais et où l'on vient à l'école pour apprendre le français. Il y a donc une grande différence entre les deux situations, qui aura un impact sur la perception et le ressenti des apprenants.

FJ : Qu'en est-il du Canada ? Avez-vous ce genre d'approches dans les programmes bilingues ?

EB : Au Canada, le programme le plus répandu est l'immersion francophone, mais il existe également d'autres programmes d'immersion en langues telles que le mandarin en Alberta. Les programmes d'immersion sont une méthode courante pour enseigner deux langues officielles aux enfants. Dans ces programmes, les enfants anglophones vont à l'école et l'enseignement est dispensé en français, sans menacer leur anglais, car c'est la langue qu'ils parlent à la maison et dans leur communauté. Cette approche est courante au Canada, où l'éducation bilingue ajoute une langue à celle déjà parlée.

Ce n'est pas toujours le cas aux États-Unis, où l'un des objectifs est souvent d'éduquer les enfants dans la langue majoritaire, à laquelle ils n'auraient pas été exposés autrement.

FJ : Certains États comme l'Utah sont en train de changer la forme de l'éducation bilingue en en proposant une nouvelle définition. J'espère que c'est un modèle qui va continuer à changer le paysage de l'enseignement bilingue. La capacité à parler deux langues dans un pays bilingue comme le Canada est-elle associée à des avantages cognitifs par rapport aux pays où l'on parle principalement une seule langue, comme les États-Unis ?

EB : Absolument ! (Rires) Il est important de distinguer le bilinguisme officiel du bilinguisme individuel. Le bilinguisme sociétal signifie qu'il y a deux langues officielles reconnues. Au Canada, la politique nationale stipule que les services gouvernementaux et l'éducation doivent être dispensés en anglais et en français. Cependant, seulement environ 12% des Canadiens sont capables de parler à la fois l'anglais et le français. D'autres pays, comme la Suisse avec ses quatre langues officielles, ont également un bilinguisme officiel, mais je parie que vous ne pourriez même pas toutes les nommer, et encore moins trouver un Suisse qui parle couramment plus d'une de ces langues. La Belgique est également un exemple de bilinguisme officiel, mais la population n'est pas bilingue dans ces pays. En fait, le bilinguisme sociétal signifie simplement que les services officiels doivent être fournis dans plusieurs langues.

FJ : Donc la France monolingue a encore sa chance à l'international... Certains pensent qu'il n'y a aucune valeur ajoutée au bilinguisme, à part peut-être pour les adultes. Quels sont les avantages de parler deux langues à la maison ?

EB : Lorsque deux langues sont parlées à la maison, c'est plus facile. Parler aux enfants, leur lire des histoires dans les deux langues... Plus on le fait, mieux c'est. Les médias peuvent également aider, mais ne sont pas toujours disponibles. Je ne sais pas combien de langues sont proposées dans les programmes télévisés à New York, mais si ces langues ne sont pas disponibles à Cincinnati, les enfants n'auront pas accès à ces ressources. Si les parents parlent les deux langues à la maison, c'est beaucoup plus facile ; il suffit de s'y mettre. Cependant, si les parents sont monolingues et envoient leurs enfants dans une école bilingue parce qu'ils veulent qu'ils apprennent l'autre langue (ce qui est très courant au Canada où les parents anglophones envoient leurs enfants étudier en français même s'ils ne parlent pas ou peu cette langue), alors le rôle des parents est de soutenir l'anglais. L'école s'occupe de l'apprentissage de l'écriture et de la conversation en français. Les parents peuvent alors aider à développer les compétences en anglais de leurs enfants. Quoi qu'il en soit, il n'y a rien de plus important que de lire des histoires aux enfants. Rien n'est plus bénéfique pour leur développement linguistique. Rien.

FJ : Qu'en est-il de chanter ?

EB : Si on peut chanter, c'est bien, mais les histoires sont fabuleuses.

FJ : Et qu'en est-il des jeux pour apprendre une langue ?

EB : Bien sûr, les jeux sont importants aussi, mais les histoires ont un avantage supplémentaire car elles contiennent plus d'informations. Les enfants apprennent la structure narrative, les idées et même une simple histoire de loup dans les bois peut être très attrayante pour un enfant de 3, 4 ou 5 ans. Je me souviens que lorsque ma fille aînée était toute petite, sa chanson préférée était « Baa Baa Black Sheep », oh mon dieu.

FJ : C'était quelle chanson ?

EB : « Baa Baa mouton noir », je ne vais pas la chanter pour vous.

FJ : J'aimerais bien l'entendre.

EB : Eh bien, vous pouvez la googler plus tard. (Rires) Et des années plus tard, des décennies plus tard (elle a 41 ans maintenant), elle m'a dit que lorsqu'elle entendait cette chanson, elle imaginait tout de façon très vivante : elle imaginait le chemin et elle imaginait le mouton. Elle avait une mise en scène en tête pour cette petite chanson idiote. Vous multipliez cela par le nombre d'histoires et vous nourrissez l'imagination et la curiosité des enfants. Et tout cela passe par le langage, donc vous leur donnez beaucoup.

FJ : Avant de passer aux questions du public, est-ce qu'il y a des études qui ont examiné l'effet du bilinguisme sur les langues, la lecture ou la réussite scolaire ?

EB : Oui. Quelles sont les approches empiriques à l'éducation bilingue ? En ce qui concerne les recherches menées au Canada sur le bilinguisme et l'éducation bilingue, elles diffèrent de celles menées aux États-Unis, où le bilinguisme et l'éducation bilingue sont souvent associés à un faible statut socio-économique et au cas du bilinguisme hispano-anglophone. Par conséquent, le rôle du programme d'éducation bilingue est légèrement différent. Il y a quelques années, nous avons mené une étude en Californie dans une zone pauvre et majoritairement mexicaine. Les enfants de 8 ou 9 ans que nous avons testés étaient tous en difficulté scolaire et considérés à risque. Nous ne leur avons pas donné des exercices scolaires, mais des exercices de fonction exécutive et des tests d'anglais et d'espagnol. Nous avons découvert que plus les enfants étaient bilingues, meilleurs étaient leurs résultats dans les exercices de fonction exécutive. Il est donc important de développer ces compétences et de collecter des résultats scolaires pour étudier la relation entre le bilinguisme et les enfants.

Une autre étude a été menée dans les écoles d'immersion francophone à Toronto, où ce type de programme est très populaire. Près de 250 enfants qui venaient de finir le 1er niveau (6-7 ans) ont été testés avec des exercices de fonction exécutive mais aussi de langue, en anglais et en français. Ces enfants venaient de familles dont la langue n'était ni le français ni l'anglais et certains appartenaient à la classe moyenne ou inférieure sur le plan socio-économique. Les résultats de cette recherche ne sont pas encore disponibles car elle dure trois ans, mais il est intéressant de noter que les élèves qui parlent à la maison d'autres langues, qui ne sont pas enseignées à l'école, ont de meilleurs résultats en langues. Pour eux, les langues ne sont pas effrayantes.

FJ : Merci beaucoup Professeure Bialystok. Nous allons prendre quelques questions.

Q&R

Q1 : Bonjour, je m'appelle Christine et je suis responsable de l'éducation de la petite enfance à la bibliothèque publique de New York. La majorité des familles avec lesquelles nous travaillons ont un statut socio-économique très bas et ne parlent pas anglais. Nous offrons des ateliers d'alphabétisation familiale pour aider à l'alphabétisation de leurs enfants. Cependant, nous avons remarqué que de nombreux parents hispanophones ne veulent pas que leurs enfants parlent espagnol à la maison, ce qui est également une expérience personnelle que j'ai vécue en grandissant dans une famille américano-colombienne où mes parents ont refusé d'enseigner l'espagnol à mon frère et moi. Même après leur avoir expliqué les avantages pour leurs enfants, ils ne changent pas d'avis. Les enseignants d'espagnol sont également confrontés à cette situation. Comment pouvons-nous la surmonter ?

R : Il s'agit d'une question importante, et cela se produit dans de nombreuses communautés d'immigrants où l'objectif est de maîtriser la langue du nouveau pays ou de la nouvelle ville. Pendant les cent dernières années, de nombreux groupes d'immigrants ont entendu dire : « Nous sommes en Amérique maintenant, nous n'allons pas parler cette langue, cette langue de l'ancien monde, vous devez devenir américain, apprenez simplement l'anglais ». Il s'agit d'un problème important et vous avez raison de soulever cette question.

Les parents ont souvent des idées préconçues sur le sujet, mais il est important de leur expliquer les avantages de parler plusieurs langues. Si vous pouvez les convaincre, c'est génial !

En particulier, les enfants doivent être capables de communiquer avec leurs grands-parents et de se sentir connectés à leur culture d'origine. Au-delà des avantages pour le cerveau et la fonction exécutive, ces enfants ont besoin de ces langues pour construire leur identité. Malheureusement, il n'y a pas de solution magique pour convaincre les parents, mais je vous souhaite bonne chance dans votre travail.

Q2 : Pensez-vous que la fonction exécutive est bien meilleure chez les bilingues ? Si oui, est-ce que cela implique que l'apprentissage d'une deuxième langue active une autre partie du cerveau ?

R : En fait, ce n'est pas que la fonction exécutive soit supérieure chez les bilingues, mais plutôt qu'elle se développe plus rapidement. Par exemple, si vous comparez deux enfants de quatre ans en termes de contrôle de la fonction exécutive, un enfant bilingue atteindra plus rapidement un résultat donné. En moyenne, nous connaissons le niveau de contrôle exécutif que nous attendons d'un enfant de quatre ans, et l'enfant bilingue sera légèrement en avance par rapport à la norme. Le monolingue y arrivera également, mais plus tard. En ce qui concerne l'apprentissage des langues, il est plus compliqué de le comprendre d'un point de vue phrénologique. Bien que certaines régions du cerveau soient spécialisées dans certaines tâches, la majeure partie du cerveau est impliquée dans toutes les activités que vous réalisez. Ainsi, l'utilisation du langage est une activité qui mobilise l'ensemble du cerveau. L'apprentissage des langues est donc davantage un processus global que l'on ne peut pas localiser dans une seule partie du cerveau. C'est une question complexe qui implique plusieurs domaines et il est difficile de déterminer exactement où est stockée la connaissance de la langue dans le cerveau. Il est possible que certaines parties se chevauchent pour les deux langues, tandis que d'autres ne se chevauchent pas du tout.

En effet, l'âge d'acquisition des langues peut affecter la façon dont le cerveau traite les informations linguistiques, mais la géographie n'a pas d'importance. Nous comprenons mieux maintenant que ce sont les processus et les réseaux qui connectent les différentes régions du cerveau en activité continue qui sont importants. Ainsi, il est difficile de donner une réponse précise en termes de localisation des zones du cerveau impliquées dans l'apprentissage des langues, car la situation est plus complexe que cela.

Q3 : Bonjour, j'ai quelques questions. Dans mon travail avec des enfants, certains sont hyperactifs, et je suis moi-même une adulte hyperactive. Parfois, je leur donne des exercices pour les calmer en leur donnant des tâches qu'ils peuvent accomplir pour ressentir une gratification, ce qui améliore leur performance scolaire. Pensez-vous que cela les aide à mieux assimiler que si je les ignorais ?

R : Étant donné qu'il existe plusieurs niveaux d'hyperactivité, il est difficile de généraliser. Les niveaux normaux d'hyperactivité peuvent être simplement un trait de personnalité de l'enfant, tandis que les niveaux cliniques d'hyperactivité peuvent être très différents. Je ne peux donc pas commenter l'efficacité de votre méthode car cela dépendra de la nature de l'hyperactivité chez chaque enfant.

Q3 : D'accord, ma deuxième question est la suivante : Vous avez dit hier que le bilinguisme pourrait retarder l'apparition des symptômes de la maladie d'Alzheimer. Est-ce que cela s'applique seulement aux bilingues qui ont appris une deuxième langue à l'école ou en général ?

R : Tout d'abord, il est important de préciser que le bilinguisme ne réduit pas la maladie d'Alzheimer, mais il peut retarder l'apparition des symptômes. Ce qui se produit, c'est que chez les bilingues atteints de la maladie d'Alzheimer, les symptômes ne se manifestent pas aussi rapidement que chez les monolingues. Cela s'applique à tous les bilingues, qu'ils aient appris leur deuxième langue à l'école ou à la maison de manière naturelle. Une étude menée en Inde a montré que des patients atteints de la maladie d'Alzheimer, qui parlaient une deuxième langue apprise de manière informelle lors de conversations, ont également présenté un retard dans les symptômes de la maladie d'Alzheimer. Ces patients n'avaient pas reçu d'éducation formelle et ne parlaient pas l'anglais.

Q3 : Ma dernière question : Comment le fait d'être bilingue peut-il être bénéfique pour un enfant atteint d'autisme sévère, qui comprend le système américain des signes grâce à sa sœur ?

R : Le spectre de l'autisme est très complexe et inclut une panoplie de déficits et symptômes. Une étude récente a montré que les enfants bilingues atteints de troubles du spectre autistique s'en sortaient mieux que les monolingues, bien que cela ne soit pas clair à quel niveau du spectre cela fonctionne. Généralement, l'autisme implique un sérieux problème en termes de langage et d'expression, et il est très difficile de faire une prédiction car l'autisme en lui-même est complexe. Une étude a été menée sur des personnes bilingues bimodales, qui maîtrisent à la fois le langage parlé et celui des signes, et les résultats obtenus étaient similaires mais pas identiques à ceux observés chez les bilingues qui ne maîtrisent que le parler.

Q4 : Bonjour, c'est un honneur d'être ici avec vous car j'ai lu tous vos ouvrages. En tant qu'enseignante russe d'anglais faisant partie du programme Fulbright, nous avons étudié les bénéfices du bilinguisme. Pensez-vous que la personnalité des enfants joue un rôle dans leur capacité à devenir bilingue ? De plus, est-ce que parler plusieurs langues peut affecter la personnalité de l'enfant et peut-il y avoir des problèmes de développement associés à l'exposition à plusieurs langues ?

R : Bien que cela ne soit pas directement lié à mes recherches actuelles, je crois que l'hypothèse selon laquelle la personnalité des enfants peut influencer leur capacité à devenir bilingue est probablement juste. Chaque enfant est différent et certains ont des aptitudes différentes pour apprendre les langues, comme pour tout autre domaine. Cependant, je pense qu'il y a également un rôle important des opportunités et des circonstances propres à chaque enfant. En ce qui concerne l'impact des langues sur la personnalité et le développement de l'enfant, c'est également un sujet complexe et multifactoriel. Ma recherche se concentre davantage sur les conséquences de l'acquisition du bilinguisme plutôt que sur les facteurs qui y contribuent.

Q5 : Bonjour, j'ai trois enfants et trois langues sont parlées à la maison : je leur parle en italien, mon mari est français, il leur parle en français, et ensuite ils parlent la langue de la communauté, l'anglais. Donc, l'italien est la troisième langue, l'anglais domine actuellement. Il est fascinant de voir comment les trois enfants perçoivent les langues, comment ils réagissent et comment ils les utilisent. J'essaie de m'en tenir à l'idée de leur parler italien tout le temps, mais parfois l'un des trois répond en anglais, alors je crains de pousser un peu trop ? Est-ce que je les stresse trop ? Où est-ce que je trace la limite ? Est-ce que je fais la bonne chose ou pas ?

R : Ma meilleure source d'information sur les familles trilingues avec de jeunes enfants est anecdotique. Laissez-moi vous dire ce que je tire des anecdotes, vous en reconnaîtrez peut-être certaines. Premier point : Oh mon Dieu ! Il n'y a pas assez d'heures dans la journée. J'ai enfin réussi à les mettre tous au lit et je n'ai pas eu assez de « temps italien », n'est-ce pas ? Pensez au nombre d'heures par jour où les enfants sont en ligne, c'est-à-dire éveillés, engagés, prêts ou disposés à vous parler. Ensuite, vous devez diviser ce temps, non pas sur deux langues, mais sur trois, et donc, certaines langues sont lésées, dans votre cas, c'est l'italien. Deuxième point : il y a une hiérarchie, et je devine que votre plus jeune enfant maîtrise moins l'italien que l'aîné, n'est-ce pas ?

Q5 : Le premier et le deuxième sont les plus à l'aise en italien.

R : Exactement, cela diminue. Et cela diminue pour deux raisons : d'une part, parce que les enfants commencent à se parler dans la langue de la communauté et, honnêtement, parce que les parents abandonnent. Ainsi, avec chaque enfant, la troisième langue s'appauvrit, mais ce n'est pas une chose terrible, c'est une question de temps et il s'agit d'accepter l'influence des pairs, des amis et de la communauté. J'ai une dernière question pour les familles trilingues, en particulier celles qui essaient de maintenir une stratégie d'une personne, une langue. Que faites-vous à table ? Cela devient plutôt compliqué. Ainsi, étant donné que mon hypothèse principale sur la langue dans les familles est qu'elle sert à la communication, je dirais de ne pas être trop rigide, assurez-vous simplement que les gens se parlent, c'est plus important.

Q6 : Bonjour, je suis psychothérapeute et je travaille avec des enfants souffrant de troubles d'apprentissage tels que la dyslexie. Avez-vous dit que le fait de passer d'une éducation bilingue à une éducation monolingue peut les aider par la suite ?

R : Je n'ai pas dit que cela les aiderait, mais cela ne leur ferait pas de mal.

Q6 : Ça ne leur fera pas de mal, c'est vrai. Beaucoup de parents sont inquiets et veulent que leurs enfants reviennent à l'éducation monolingue pour résoudre les troubles d'apprentissage tels que la dyslexie. Pouvez-vous les rassurer à ce sujet ?

R : C'est un sérieux problème pour les différents acteurs de la communauté professionnelle : éducateurs, orthophonistes, médecins. Le fait de penser que simplifier l'environnement linguistique pourrait aider les enfants dyslexiques est une erreur courante . Kathryn Conor, une scientifique, a souligné que si l'on retire la deuxième langue qu'apprend un enfant dyslexique, cela ne le guérira pas de sa dyslexie, mais le rendra simplement monolingue, ce qui ne résoudra pas le problème d'apprentissage à la base. Alors que le TDAH peut exiger une attention particulière, pour la dyslexie, que l'enfant soit éduqué dans un environnement monolingue ou bilingue, les résultats seront les mêmes car les enfants ont un problème d'apprentissage fondamental. C'est un problème majeur dans la communauté professionnelle, où de nombreuses personnes ont du mal à admettre que la simplification de l'environnement linguistique ne résoudra pas les problèmes d'apprentissage, sauf dans certains cas spécifiques tels que les problèmes d'attention. En effet, comme l'explique Kathryn Conor, si l'on supprime l'une des langues parlées chez un enfant bilingue atteint d'un trouble d'apprentissage, cela ne fera qu'en faire un enfant monolingue atteint du même trouble. En d'autres termes, supprimer l'une des langues n'est pas une solution en soi, mais plutôt un désavantage. En ce qui concerne la dyslexie et d'autres troubles de l'apprentissage, il n'y a pas de différence quant aux résultats de l'enfant, que l'environnement soit monolingue ou bilingue. Bien qu'il y ait peu d'études de qualité comparant les résultats des enfants atteints de troubles de l'apprentissage dans des environnements bilingues et monolingues, les rares études effectuées correctement ont montré qu'il n'y avait pas de différence significative dans les résultats chez les enfants atteints de troubles de l'apprentissage. Cependant, la plupart des recherches se contentent de comparer les résultats des enfants atteints de troubles de l'apprentissage dans des environnements bilingues à ceux des enfants sans troubles de l'apprentissage, ce qui est une comparaison inappropriée. Il est important de noter que certains cas nécessitent une attention particulière, comme le cas du TDAH clinique.

Q7 : Bonjour, je suis intéressé par le débat sur la salle de classe bilingue, divisée en deux côtés pour chaque langue. Dans mon système éducatif, on préconise plutôt une division physique des salles de classe. Initialement, je n'étais pas convaincu que cette approche fonctionne, mais j'aimerais savoir s'il existe des études qui prouvent que cela est bénéfique pour les enfants. J'ai posé la question, mais n'ai pas pu trouver de recherches universitaires ou psychologiques. Ma deuxième question est : que pensez-vous de l'enseignant qui change de langue pour aider les élèves ? Je comprends l'importance de permettre aux enfants de s'exprimer et de créer une culture linguistique, mais qu'en est-il de l'enseignant qui change de langue ?

R : La première chose à noter est qu'il n'y a pas de recherche spécifique sur ce sujet, tout dépend de la situation. Ensuite, il convient de se demander si les enseignants devraient être autorisés à changer de code linguistique. Le terme « code-switching » (alternance codique) peut avoir une connotation négative, comme s'il s'agissait d'une pratique ésotérique, mais pourquoi ? D'où vient cette idée ? Comme dans une famille, je pense que la principale mission d'un enseignant est de communiquer. J'ai beaucoup de respect pour les enseignants, qui accomplissent un travail extrêmement difficile. S'ils peuvent aider les apprenants en changeant de langue, pourquoi ne le feraient-ils pas ? Après tout, le but des langues est de communiquer, et tout ce qui peut faciliter cette communication est bénéfique.

FJ : Merci Ellen Bialystok, merci à tous d'être venus, et continuons à développer des programmes bilingues dans la ville ! Merci.

Conversation avec
François Grosjean

François Grosjean a construit sa carrière de chercheur en bilinguisme grâce à son expérience personnelle en tant que membre d'une famille multilingue. Il est actuellement Professeur Émérite de Psycholinguistique à l'Université de Neuchâtel en Suisse, où il a fondé le laboratoire de traitement du langage et de la parole. Il a commencé sa carrière universitaire à l'Université de Paris en France avant de déménager à l'université Northeastern de Boston, où il était également chercheur associé au laboratoire de communication vocale du MIT. Sa recherche se concentre sur la compréhension, la production et la perception de la langue, que ce soit la parole ou la langue des signes, chez les monolingues et les bilingues. Il s'intéresse également au bilinguisme chez les sourds, à la linguistique appliquée, à l'évaluation de la compréhension de la parole chez les patients aphasiques et à la modélisation du traitement du langage.

Il y a quelques années, j'ai reçu un courriel du Professeur François Grosjean, ce qui a été un grand honneur pour moi. Je savais que le mouvement de la Révolution bilingue prenait de l'ampleur, mais je ne m'attendais pas à avoir de telles opportunités.

   Le professeur François Grosjean m'a contacté pour me faire part de sa découverte de la Révolution bilingue à New York, me disant qu'il trouvait cela formidable. Il a proposé de se rendre aux États-Unis pendant ses vacances pour organiser une conférence. J'ai accepté avec enthousiasme et ai rapidement mis en place l'événement à l'ambassade. L'auteur a envoyé des flyers et des courriels à 20 000 personnes à New York pour annoncer la conférence, qui a suscité un immense intérêt, avec environ 400 personnes réservant une place. Des chaises supplémentaires ont été apportées pour la salle principale et deux salles adjacentes ont été ouvertes pour accueillir tout le monde. Des écrans ont été installés et la conférence a même été enregistrée pour ceux qui ne pouvaient pas y assister en personne. Tout cela a été une surprise incroyable pour moi.

Le professeur Grosjean, influencé par ses origines familiales, a développé une carrière dans la recherche sur le bilinguisme, qu'il a cherché à appréhender dans une perspective à la fois théorique et pragmatique. Selon lui, il n'y a pas de bilingue parfait et la maîtrise des langues fluctue en fonction des contextes. Il est possible que l'on utilise davantage une langue à un moment donné, mais cela peut changer plus tard. De plus, la maîtrise des langues n'est jamais égale et il peut y avoir des différences de vocabulaire en fonction des domaines de travail. Il a également évoqué l'idée de langue intermédiaire.

Certains programmes bilingues adoptent une approche de séparation des langues en traçant une ligne de démarcation des zones réservées à chaque langue dans la salle de classe. Cependant, cette division n'est pas reflétée dans le cerveau des enfants, qui sont en mesure de mélanger les langues et d'utiliser une langue intermédiaire. En effet, les langues sont constamment en interaction dans le cerveau, et cette pratique est donc tout à fait normale.

Je suis moi-même parent et mes filles parlent français et anglais, mais avec une fusion constante des deux langues, je dirais qu'elles parlent aussi le *franglais*. Ce qui est intéressant, c'est que si vous pratiquez régulièrement vos langues, vous ne les perdrez pas, mais il est choquant de constater que votre langue maternelle peut disparaître si vous arrêtez de la pratiquer pendant plusieurs années.

Selon les travaux de François Grosjean, le bilinguisme est compris et abordé différemment en fonction de la façon dont il est acquis et entretenu. Dans ses projets et ouvrages les plus récents, il met en avant l'idée qu'il est possible de devenir bilingue à n'importe quel moment de la vie.

Il a développé une conception particulière du bilinguisme, basée sur le « principe de complémentarité », qui implique que les personnes bilingues utilisent leurs différentes langues dans différentes situations, avec différentes personnes, dans différents contextes et pour différentes expériences. Cette approche du bilinguisme est discutée dans l'interview, où il explique en détail le principe de complémentarité et son importance pour comprendre la vie d'un bilingue, ainsi que la diversité des situations et des cas qui en découlent.

La vie du bilingue

Ambassade de France aux États-Unis, 23 septembre 2015
Remarque : les intervenants sont appelés « FJ » (Fabrice Jaumont), « FG »
(François Grosjean)

FJ : Est-ce que vous vous considérez comme étant Français, Anglais, ou Suisse ? Peut-être êtes-vous plutôt Américain, vu le nombre d'ouvrages que vous avez publié dans ce pays ?

FG : Je suis né en France, donc j'ai la nationalité française, mais ma mère est britannique et j'ai étudié pendant dix ans dans des écoles anglaises, donc je suis aussi devenu britannique à l'âge de 18 ans. J'ai ensuite poursuivi mes études universitaires en France, avant de partir vivre plus de 12 ans aux États-Unis, expérience que j'ai beaucoup appréciée. Quand j'ai décidé de partir, mes collègues américains m'ont demandé pourquoi je voulais quitter les États-Unis, où j'étais professeur titulaire avec une subvention de la NSF. J'ai répondu que si un Californien pouvait quitter le Massachusetts pour rentrer en Californie, pourquoi un Français ou un Européen ne pourrait-il pas rentrer en Europe ? Depuis une trentaine d'années maintenant, ma famille et moi vivons en Suisse. Donc je dirais que je m'identifie aux quatre cultures. Je suis une mosaïque de pays, ce dont je suis très heureux. En termes de nationalité, j'ai la double nationalité française et suisse.

FJ : Comment avez-vous acquis votre bilinguisme ? Vous parlez aussi bien français qu'anglais, n'est-ce pas ?

FG : Oui, je me souviens très bien de l'apprentissage de mes deux langues, car je ne suis pas un bébé bilingue. Seulement 15% à 20% des bilingues sont des bébés bilingues, et la plupart de la littérature sur le bilinguisme se concentre sur eux. Mon petit-fils en est un d'ailleurs. En ce qui me concerne, j'étais un enfant plus âgé, voire adolescent, bilingue. Ma mère, qui est britannique, m'a inscrit dans une école anglaise en Suisse, afin que j'apprenne l'anglais. J'ai été retiré de mon école primaire en France et j'ai appris l'anglais en seulement quelques mois grâce à l'aide d'autres enfants et enseignants qui parlaient français et à ma motivation.

FJ : Est-ce que votre famille est bilingue ?

FG : Oui, mais nous avons eu du mal à y arriver. Nous sommes venus aux États-Unis lorsque notre fils aîné avait deux ans et nous avons décidé de parler français à la maison et de le mettre dans une garderie anglophone. Cependant, cela n'a pas fonctionné comme prévu et il est devenu rapidement monolingue anglophone.

      Plus tard, nous avons eu la chance de prendre un congé sabbatique et de retourner en Europe. Nous avons choisi un pays francophone, la Suisse, et nos deux garçons sont devenus bilingues. L'un d'entre eux est maintenant bilingue et l'autre est même trilingue. Donc, pour les parents qui sont inquiets, ne désespérez pas ! Nous avons amené deux enfants monolingues en Suisse et ils sont devenus ce qu'ils sont maintenant. J'ai d'ailleurs parlé de leur parcours dans un article de mon blog sur *Psychology Today*, alors ne désespérez pas !

FJ : Chacun a sa propre histoire personnelle avec le bilinguisme, et je suis sûr que nous avons tous une relation avec les langues et le plurilinguisme. Pensez-vous que votre histoire personnelle avec le bilinguisme vous a aidé à vous lancer dans la recherche et à écrire ces livres ?

FG : Je pense que oui. J'ai vécu différentes étapes : le monolinguisme, le bilinguisme et le changement de dominance linguistique. Après avoir été éduqué en anglais pendant dix ans, je suis devenu essentiellement anglophone. Mais ensuite, je suis retourné en France, aux États-Unis, etc. Je sais donc tout sur le fait de changer de domination linguistique. Je sais comment devenir bilingue, comment élever des enfants bilingues, quelles erreurs peuvent être commises et comment les corriger. Aujourd'hui, je vois mon propre petit-fils devenir bilingue dès la naissance. Tout cela a été très utile.

Il faut une expérience personnelle, mais il faut aussi beaucoup lire. Être bilingue ou plurilingue ne suffit pas à comprendre le bilinguisme ou le plurilinguisme. Il est vraiment nécessaire de lire sur le sujet pour connaître les recherches effectuées. Le mélange des deux, expérience personnelle et savoir, aide vraiment à approfondir le sujet.

FJ : Vous avez écrit de nombreux ouvrages au cours de vos trente années de travaux universitaires et de recherche. Nous avons ici avec nous vos deux plus récents livres, le premier en anglais, intitulé *Bilingual Life and Reality*, et le dernier en français, intitulé *Parler plusieurs langues : le monde des bilingues*. Pourquoi avez-vous choisi d'écrire ces livres ?

FG : J'ai fait mon mémoire de master sur le bilinguisme, donc vous pouvez imaginer le nombre d'années pendant lesquelles j'ai étudié ce sujet. À mesure que j'avançais, je me suis rendu compte que nous avions vraiment besoin de livres grand public, accessibles à tous et pour en apprendre davantage sur le bilinguisme. Je suis donc allé à Harvard et j'ai demandé s'ils étaient prêts à m'aider à écrire un livre pour le grand public qui répondrait à des questions simples comme « Qui sont les bilingues ? », « Qu'est-ce que le bilinguisme ? », « Est-il possible de ne pas parler couramment les deux langues ? », « Quelle est la différence entre le bilinguisme et le biculturalisme ? », « Les bilingues ont-ils une double personnalité ? ». Ce sont des questions que nous nous sommes tous posées. Ils m'ont répondu « Vas-y, fais-le ! ». J'ai donc écrit le livre en anglais que vous voyez ici. Et puis je me suis dit, puisque j'aime les défis, pourquoi ne pas écrire un livre en français ? J'ai enseigné en français pendant une trentaine d'années, mais je n'étais pas habitué à écrire un livre entier en français, car j'écris la plupart de mes textes en anglais.

FJ : Pouvez-vous nous dire quelle est votre position dans votre dernier livre ?

FG : Mon livre présente des idées simples que tout le monde peut comprendre. Comme on dit, cela va de soi : le bilinguisme est répandu et environ la moitié de la population mondiale est bilingue. Vous pouvez devenir bilingue à tout moment de votre vie, que ce soit dans la petite enfance, l'enfance, l'adolescence ou à l'âge adulte. Nous ne sommes pas nés pour être des traducteurs. En ce qui me concerne, je suis un traducteur terrible. Le bilinguisme et le biculturalisme ne sont pas la même chose et ne vont pas toujours de pair. Vous pouvez être bilingue sans être biculturel. Le bilinguisme ne crée pas de retard chez les enfants et n'a pas d'effet négatif sur l'apprentissage des langues ou l'apprentissage en général. Il existe de nombreuses approches pour devenir bilingue. Mon livre essaie de présenter ces idées simples que les recherches très pointues n'ont pas toujours le temps d'expliquer.

FJ : Est-ce que vous pouvez nous donner une définition de la personne bilingue ?

FG : Deux chercheurs nord-américains, Uriel Weinreich et William Francis Mackey, ont proposé dans les années 1950 une définition très raisonnable du bilinguisme, que j'ai adoptée. Elle consiste simplement en l'utilisation régulière de deux langues ou plus. Cette définition est très pertinente car elle implique la connaissance des langues. En effet, on ne peut pas utiliser une langue sans la connaître. Pour le grand public, la définition d'un bilingue est souvent liée à la maîtrise courante des deux langues, sans accent, apprises dès l'enfance, etc. Mais je considère qu'une personne qui utilise régulièrement deux langues ou plus dans sa vie quotidienne est un bilingue, qu'il s'agisse d'une personne trilingue ou quadrilingue. C'est une définition plus raisonnable que j'ai adoptée et que j'utilise depuis.

FJ : Pourquoi pensez-vous que la plupart des gens ont une vision monolingue du bilinguisme ?

FG : Lorsque j'ai écrit mon premier livre pour Harvard en 1982, j'ai réalisé que je n'avais pas vraiment répondu à la question de ce que signifie être bilingue. Bien que j'aie abordé de nombreux sujets, il y avait quelque chose en plus que je devais dire.

C'est alors que j'ai commencé à développer ma vision holistique du bilinguisme, qui considère le bilingue comme un communicateur complet, capable de gérer sa vie avec deux langues ou plus. Dans mes articles « Le bilingue, un auditeur compétent mais spécifique » (1985) et « Neurolinguistes, méfiez-vous ! Le bilingue n'est pas deux monolingues dans une seule personne » (1989), j'ai développé l'idée que si vous êtes bilingue (ou trilingue ou quadrilingue), vous communiquez différemment.

J'ai écrit ces articles pour m'éloigner du critère monolingue, mais je ne sais toujours pas pourquoi cette vision est si répandue. Il y a deux critères pour définir la maîtrise d'une langue, le monolingue et le bilingue. Cette vision holistique du bilinguisme a progressé et je suis heureux que de nombreuses personnes travaillant dans le domaine l'aient adoptée, mais à l'époque, les seuls bilingues considérés étaient les « bilingues exceptionnels », tels que les traducteurs, les interprètes et les auteurs bilingues. Bien que je leur donne beaucoup de place dans mes livres, je m'intéresse aussi aux bilingues ordinaires. Mon objectif est de montrer qu'il existe une autre approche pour définir le bilinguisme.

FJ : Pourriez-vous nous en dire plus sur le principe de complémentarité que vous avez proposé pour caractériser le bilinguisme ?

FG : Le principe de complémentarité est un concept essentiel pour comprendre le bilinguisme. Il s'agit de l'idée selon laquelle les bilingues utilisent leurs langues dans différents contextes, différentes situations et pour différentes tâches. Parfois, les deux langues couvrent le même domaine, mais souvent, chaque langue est utilisée pour couvrir des domaines spécifiques. Ce principe explique la fluidité du bilinguisme, la dominance linguistique, la traduction, entre autres choses.

Par exemple, si un enfant ne développe pas un vocabulaire égal dans chaque langue, c'est probablement parce que les langues ne sont pas utilisées de manière équivalente dans toutes les situations de la vie de l'enfant. Le principe de complémentarité explique également pourquoi un bilingue peut rencontrer des difficultés à traduire certains concepts d'une langue à l'autre en raison de l'absence d'équivalent dans une des langues pour certains termes. Cette idée peut être utilisée pour construire une grille qui montre les langues couvrant différents domaines de la vie, ce qui peut aider à mieux comprendre la manière dont les bilingues utilisent leurs langues.

FJ : Pouvez-vous nous expliquer le concept de « mode linguistique » que vous avez développé et pourquoi est-il important de le comprendre pour les bilingues ?

FG : En tant que bilingue ou trilingue, nous sommes constamment confrontés à la question « quelle langue dois-je parler maintenant ? » et « dois-je utiliser l'autre langue ou non ? ». La première question concerne le choix de la langue, qui est un processus fascinant, car c'est un processus complexe que nous effectuons naturellement, en fonction de la situation, de la personne, du contexte, etc. La deuxième question consiste à décider d'utiliser ou non l'autre langue.

Si nous n'utilisons pas l'autre langue, nous sommes en mode monolingue, ce qui est souvent le cas dans la vie quotidienne. En revanche, lorsque nous sommes avec des bilingues qui partagent les mêmes langues que nous, nous sommes à l'aise pour utiliser les deux, trois ou quatre langues ensemble sous la forme d'une alternance codique. Le mode linguistique est donc un continuum dans lequel nous naviguons constamment, en changeant de langue et en décidant si nous allons utiliser une autre langue ou non.

Comprendre ce concept est important car cela peut nous aider à comprendre comment les bilingues communiquent, échangent, lisent, écrivent, etc. Ofelia García a travaillé sur la notion de « mode linguistique bilingue », qui est la capacité d'utiliser toutes nos langues pour communiquer et interagir.

Mais il est également important de savoir comment être monolingue, car nous passons également beaucoup de temps à parler, écrire, etc. en une seule langue. Le mode linguistique est donc une notion clé pour comprendre le bilinguisme.

FJ : Pourriez-vous développer davantage sur le biculturalisme ?

FG : Bien sûr. Tout d'abord, il est important de comprendre que le bilinguisme et le biculturalisme ne sont pas la même chose, surtout en Europe, où de nombreuses personnes sont bilingues ou trilingues mais ne sont pas biculturelles ou triculturelles. Par exemple, de nombreux néerlandophones parlent un anglais parfait, mais n'ont jamais vécu dans une autre culture, donc ils ne sont pas biculturels. Bien sûr, le bilinguisme et le biculturalisme peuvent coexister chez de nombreuses personnes, mais ils ne sont pas synonymes. Le biculturalisme signifie interagir dans deux cultures ou plus, être en contact avec elles et fusionner certains aspects de ces cultures. C'est fascinant car il y a des choses qui se fondent dans notre comportement, comme l'utilisation de l'espace. Par exemple, en tant que francophone ou Suisse, je trouve que les Américains sont trop proches les uns des autres, mais quand je suis dans un café en France, mon côté anglophone prend le dessus et je n'ose pas dire « Garçon ! ».

Être biculturel est très intéressant et beaucoup de gens le gèrent bien. Par exemple, lorsque nous sommes en contact avec une autre culture, nous savons plus ou moins comment nous comporter, bien que certains aspects se confondent. Cependant, il y a une notion très importante du biculturalisme que l'on n'apprend pas assez, c'est celle de l'identité. On peut traverser une « crise identitaire » où l'on se demande si on est Américain ou Français, Mexicain ou Américain, etc. On se base sur les perceptions des autres, sur nos propres besoins, etc. Puis on doit décider si l'on accepte qui l'on est, le résultat de cette combinaison de plusieurs cultures.

Malheureusement, surtout quand on est adolescent, on a tendance à choisir l'une ou l'autre culture. Par exemple, on peut dire : « Je ne veux rien avoir à faire avec mes racines mexicaines, je suis Américain ». C'est dommage. En tant que parents, éducateurs ou scientifiques, nous pouvons aider les jeunes à comprendre ce que signifie être biculturel et leur montrer qu'il est acceptable d'être membre de deux , voire de trois cultures. On peut être dominant dans une culture ou dominant dans une autre, et être fier d'être une mosaïque de plusieurs cultures. C'est pourquoi on peut choisir plusieurs identités et ne pas avoir à en choisir qu'une seule.

FJ : En ce qui concerne le rôle de la famille et de l'école dans la vie des enfants bilingues, quelles sont les questions importantes que les parents devraient se poser ? Devraient-ils essayer de planifier le bilinguisme de leurs enfants ?

FG : Si les parents avaient la possibilité de planifier le bilinguisme de leurs enfants, ce serait formidable. Cependant, étant donné que les parents sont souvent très occupés, élaborer un plan peut s'avérer difficile. Malgré cela, je pense qu'il est important de se poser certaines questions. Tout d'abord, il convient de se demander quand les langues doivent être acquises. Ce n'est pas une question difficile, car cela peut être fait à différents moments de la vie. J'ai moi-même appris l'anglais à l'âge de huit ans et j'ai remporté le premier prix en littérature anglaise de mon école. Ensuite, la deuxième question est de savoir quelle stratégie utiliser. Est-ce que vous préférez la stratégie une personne - une langue ? Il en existe d'autres, et personnellement, je préfère celle qui consiste à utiliser une langue à la maison et une autre à l'extérieur. Mes livres proposent différentes approches. Enfin, la troisième question importante est de savoir comment s'assurer que l'enfant aura besoin des deux langues. C'est un problème auquel les parents peuvent être confrontés s'ils commencent trop tôt et n'ont pas les ressources pour maintenir le bilinguisme de l'enfant. Le mot clé ici est « besoin ». Les enfants sont très pragmatiques et s'ils ne voient pas l'utilité d'une langue, ils ne l'utiliseront pas. Si maman et papa parlent parfaitement anglais, pourquoi devrais-je parler français ? Il faut donc créer un besoin. Par exemple, lorsque nous avons ramené nos enfants de Suisse, nous avons réussi à maintenir leur français pendant trois ans en créant un besoin.

Nous avons commencé par inviter leurs amis suisses en Amérique pendant un mois. Ils étaient ravis. Il y avait un besoin ! Nous avons également cherché de nouvelles familles françaises pour qu'ils puissent jouer ensemble. Si ces familles se rencontraient régulièrement, nous savions qu'ils parleraient français pendant deux ou trois mois avant de passer à l'anglais.

Il y a plusieurs façons de créer un besoin, mais il ne s'agit pas de dire : « Je t'ai dit de parler français, alors parle français ! ». Ce n'est pas un vrai besoin. Vous devez créer un besoin de communication réel et authentique. Une autre question importante est de savoir quelles autres sources de soutien vous pouvez trouver. Vous ne pouvez pas être le seul parent impliqué. Il doit y avoir d'autres adultes, d'autres enfants, peut-être la communauté ou l'école.

C'est pourquoi je suis heureux d'être ici, car vous créez un besoin pour le français, même à New York. Les parents devraient chercher du soutien dans la communauté, auprès des éducateurs, etc. Si possible, réfléchissez à tout cela avant de commencer votre parcours vers le bilinguisme. Ne pensez pas que vous avez toutes les réponses, lisez sur le bilinguisme et essayez de ne pas faire d'erreurs, car si vous le faites, votre enfant pourrait refuser de vous parler en hongrois, en russe ou dans une autre langue, ce qui pourrait vous mettre mal à l'aise. Il y a des moyens naturels et agréables de le faire , donc il est important de réfléchir à ces choses.

FJ : J'ai lu de nombreux blogs et de nombreux articles dans la presse récemment, et je suis prêt à croire que mes enfants seront des génies simplement parce qu'ils sont bilingues et donc plus intelligents. Il semble y avoir trop d'avantages à être bilingue, et ils réussiront très bien dans la vie, mais je suis sûr qu'il y a aussi quelques inconvénients. Alors, y a-t-il également des inconvénients à être bilingue ?

FG : Les avantages d'être bilingue sont nombreux, même s'il y a parfois des inconvénients à prendre en compte. Je suis conscient que les chercheurs ont examiné des aspects cognitifs importants, bien que la littérature soit récente et comporte des contre-exemples, il faut donc être prudent. Cependant, il semble que sur le plan cognitif, les enfants bilingues puissent être capables de faire certaines choses plus facilement. Lorsque j'ai écrit mes livres, j'ai demandé aux bilingues quels étaient les avantages et les inconvénients d'être bilingue. Le premier avantage est d'être capable de communiquer avec des personnes de différentes langues et de bénéficier d'un accès à la littérature et aux films dans plusieurs langues. Il semblerait également que cela aide à apprendre d'autres langues, favorise le biculturalisme, l'ouverture d'esprit et la compréhension de perspectives différentes sur la vie. Ce que j'apprécie particulièrement, c'est quand deux personnes peuvent s'asseoir ensemble et dire : « Je comprends pourquoi vous dites cela, je comprends votre point de vue, mais je comprends aussi que cette autre personne ait une perspective différente ». Cela nous donne une perspective cruciale sur les différences. Et bien sûr, en tant que bilingue, cela ouvre également de nombreuses opportunités professionnelles. Cependant, lorsque j'ai demandé aux bilingues quels étaient les inconvénients, seulement un tiers d'entre eux en ont mentionné.

Ils ont souligné que la communication dans la langue la moins maîtrisée peut être fatigante, en particulier dans des domaines ou des situations inhabituels. Ils ont également mentionné la difficulté de traduire dans un domaine ou un vocabulaire inconnu. Et parfois, lorsqu'ils sont fatigués, stressés ou sous l'influence de l'alcool, ils peuvent parler la mauvaise langue ou rencontrer des difficultés à retrouver leurs mots. Enfin, certains ont noté que s'adapter à des cultures différentes et être accepté en tant que membre de deux cultures ou plus peut être un défi. Bien sûr, il ne s'agit que d'une minorité de bilingues qui ont mentionné ces inconvénients, mais cela montre qu'il y a des aspects à prendre en compte en tant que parent si vous choisissez de planifier l'acquisition de deux langues pour votre enfant.

FJ : Il y a plusieurs programmes bilingues dans les écoles de New York, avec des écoles privées proposant des programmes de grande qualité et des écoles publiques offrant un enseignement bilingue depuis plusieurs années. Les langues enseignées vont de l'espagnol et du mandarin au français, à l'italien et au japonais, avec des programmes allemand et polonais en préparation. C'est une excellente opportunité pour les enfants de devenir bilingues et je trouve cela formidable que cela soit devenu accessible. Comment les établissements scolaires peuvent-ils aider les enfants à acquérir une maîtrise bilingue ?

FG : Dans les deux livres, il y a un chapitre sur les écoles, qui se divise en deux parties : celles qui favorisent le bilinguisme et celles qui ne le font pas. Malheureusement, les écoles monolingues éliminent sans détour toute langue seconde que les enfants pourraient avoir en arrivant à l'école. C'est regrettable. Il y a quelques années, j'ai publié un éditorial dans un journal de Miami sur les avantages que représentent les jeunes enfants qui parlent d'autres langues. Aux États-Unis, il y a des langues étrangères, mais elles sont mal exploitées et ont un statut social inférieur, ce qui les prive souvent de soutien officiel ou de reconnaissance.

Si seulement les écoles pouvaient aider ces enfants à conserver leurs langues... Le linguiste Joshua Fishman, qui a vécu à New York, a beaucoup travaillé pour la préservation des langues. Ce serait merveilleux si les écoles monolingues pouvaient faire quelque chose pour soutenir la diversité linguistique. Bien sûr, vous connaissez les écoles qui aident les enfants bilingues à améliorer leur bilinguisme ou à devenir bilingue. Je dois avouer que ma méthode préférée est l'approche en deux langues, dans laquelle la moitié des enfants parlent une langue et l'autre moitié en parle une deuxième.

Il y a une véritable interaction mutuelle entre les deux groupes, où l'on peut se venir en aide dans l'apprentissage de la langue respective. C'est une approche merveilleuse qui existe dans d'autres pays, comme en Suisse, où j'habite à côté d'une petite ville de montagne qui propose un tel programme au niveau lycée, et ça marche très bien.

Je suis donc un fervent défenseur de ces programmes en deux langues. J'apprécie également les programmes d'immersion classiques, à condition qu'il y ait des mesures pour s'assurer que les enfants utilisent l'autre langue. Si les enfants parlent anglais tout le temps à la maison, ils ne vont pas utiliser leur autre langue.

FJ : Comment voyez-vous la question de l'éducation bilingue ? Ces dernières années, selon moi, cette méthode d'enseignement est redevenue très performante et certains affirment même que cela pourrait aider à réduire les inégalités entre riches et pauvres. Mais il y a un débat entre ceux qui considèrent l'éducation bilingue comme un moyen d'enseigner l'anglais aux enfants immigrants et ceux qui estiment qu'elle doit contribuer à préserver leur héritage culturel. Il y a également ceux qui pensent que l'éducation bilingue devrait être un moyen d'apprendre une langue étrangère à la population monolingue américaine. Quel est votre point de vue sur cette question ?

FG : Il est regrettable que nous soyons souvent enclins à nous opposer sur les différentes approches de l'éducation bilingue. Si nous pouvions mettre l'enfant au centre de nos réflexions en considérant son avenir, nous pourrions alors souscrire à la vision du président Obama, lorsqu'il a déclaré en 2008 que « tous les enfants en Amérique devraient être bilingues ». Si nous étions tous d'accord sur les avantages du bilinguisme, peu importe l'approche choisie, nous aiderions les enfants à apprendre et à utiliser ces langues. Si nous parvenions à un consensus sur l'idée que connaître et utiliser plusieurs langues est positif, alors je pense que les petites disputes que nous avons actuellement pourraient être évitées. Bien sûr, si l'objectif est le monolinguisme, il y a peu de choses que nous puissions faire.

Mais si nous sommes d'accord sur l'idée que le bilinguisme est un atout, alors nous devrions tous travailler ensemble pour y parvenir, peu importe l'approche. C'est également une question politique. Lorsque j'écrivais mes livres, j'ai réalisé que la France n'était pas aussi favorable que d'autres pays au bilinguisme.

FJ : Eh bien, je suis un admirateur du bilinguisme !

FG : En réalité, la politique linguistique de la France est davantage orientée vers le bilinguisme *à l'étranger*, ce qui est très bien, mais j'aimerais que le bilinguisme soit également encouragé dans le pays même. Malheureusement, la France a un vrai problème avec cette question, car on dit souvent qu'on ne peut pas être français si l'on est bilingue, ce qui est assez absurde. En réalité, environ 20% de la population française utilise deux langues ou plus, ce qui est similaire aux États-Unis. Comme je l'ai dit dès le début, si seulement on pouvait importer ce que l'on fait ici en France, ce serait fantastique ! Pourquoi pas ?

FJ : Les gens regardent, et la retransmission en direct est activée, donc je suis sûr que nous pourrions saluer les gens en France qui prennent des notes ! Avant de répondre aux questions du public, parlons un peu plus de vous. Comment les personnes intéressées peuvent-elles vous suivre et suivre votre travail ?

FG : Je crois que la façon la plus simple de me suivre est de consulter mon blog *Psychology Today* en tapant simplement mon nom dans le navigateur.

FJ : Pouvez-vous parler de vos projets en cours ?

FG : J'ai récemment écrit l'histoire de mes parents, que j'ai grandi sans connaître. Pendant la guerre, mon père était pilote de chasse français et avait rejoint les forces de de Gaulle en Grande-Bretagne. C'est là qu'il a rencontré ma mère et qu'ils ont eu deux enfants. Cependant, nous avons été placés dans des foyers d'accueil, des pensionnats et chez des nourrices après leur séparation. Cinquante ans plus tard, j'ai décidé de découvrir qui étaient ces personnes et j'ai commencé à effectuer des recherches.

Mon père s'appelait Roger Grosjean et vous pouvez trouver des informations le concernant sur Wikipédia. En plus d'être un pilote de chasse, il a également travaillé comme agent double pour le MI5. Il a joué un rôle crucial en envoyant des informations erronées aux Allemands sur le lieu du débarquement, leur faisant croire que cela aurait lieu à Dunkerque et Calais plutôt qu'en Normandie.

Pour ce faire, il écrivait des lettres à des contacts allemands à Barcelone. Cependant, son véritable souhait était de devenir pilote de chasse, pas agent double. Il a rencontré ma mère alors qu'il était encore en mission et, ironiquement, elle aurait été placée là pour le surveiller. Cela m'a toujours évoqué une histoire à la James Bond, mais dans ce cas précis, la James Bond girl est tombée enceinte ! (Rires)

FJ : Avez-vous jamais ressenti des regrets d'être bilingue ?

FG : C'est une question qui peut sembler facile dans un sens, car on ne peut pas regretter qui l'on est. Peut-être que pendant l'adolescence, vers 16 ou 17 ans, on peut ressentir des regrets, mais ce n'est plus le cas lorsque l'on est plus âgé. Pour ceux d'entre nous qui vivent dans plusieurs langues, nous sommes ce que nous sommes. Et si, à un moment donné de notre vie, nous pouvons dire « c'est comme ça, je suis qui je suis », c'est la meilleure façon de le gérer.

Cependant, je dirais que les périodes de transition, comme lorsque j'ai quitté une école anglophone à l'âge de 18 ans pour revenir en France, étaient très difficiles. Personne n'était là pour m'aider, m'accompagner, m'écouter, ou m'expliquer pourquoi c'était si différent. Les périodes de transition peuvent être difficiles lorsque l'on change de situation, de pays, que l'on commence une nouvelle langue, ou que l'on en arrête une autre. C'est à ce moment-là que nous, en tant que parents, éducateurs et enseignants, devons être proches de ces enfants et adolescents pendant ces périodes de transition. Faisons de notre mieux pour les aider à comprendre ce qui se passe. C'est facile pour eux de comprendre si nous l'expliquons en termes simples, et nous le pouvons. Alors, aidons ces enfants et ces adolescents à être heureux et fiers d'être bilingues !

FJ : Professeur Grosjean, merci beaucoup !

Q&R

Q1 : Pouvez-vous donner votre avis sur les recherches récentes d'une femme chercheuse qui a parlé du bilinguisme à la radio publique nationale ? Elle a affirmé que les personnes bilingues ont plus de facilité à faire plusieurs tâches à la fois que les monolingues et que la méthode la plus efficace pour élever un enfant bilingue est d'avoir un parent qui parle une langue et un autre parent qui parle l'autre langue. Qu'en pensez-vous ?

R : La chercheuse a raison sur sa première affirmation : les personnes bilingues ont tendance à être plus efficaces dans la réalisation de plusieurs tâches à la fois, car elles peuvent passer d'une langue à l'autre et contrôler différentes tâches. Cependant, je ne suis pas d'accord avec sa recommandation d'utiliser l'approche un parent/une langue (OPOL) comme étant la meilleure stratégie. Une étude menée par la linguiste belge Annick De Houwer montre qu'avec cette méthode, seulement 75% des enfants deviennent effectivement bilingues, tandis qu'en utilisant une langue à la maison et une langue à l'extérieur de la maison, le taux de réussite est d'environ 95%. Bien que l'OPOL puisse être efficace dans certaines situations, il peut être difficile de maintenir la langue de la minorité si elle n'est défendue que par un seul parent.

Il est donc important de prendre le temps de considérer les différentes stratégies disponibles et de choisir celle qui convient le mieux à votre situation. Ce qui importe le plus, c'est de créer un environnement bilingue positif dans votre famille et d'encourager l'utilisation des deux langues sans rejet ou limitation de l'une ou l'autre.

Q2 : Pouvez-vous expliquer si vous avez remarqué un changement dans votre personnalité en fonction de votre langue dominante, comme vous l'avez évoqué dans votre premier livre où vous vous demandiez si les bilingues ont des personnalités multiples ?

R : Les bilingues ressentent souvent un changement dans leur personnalité lorsqu'ils parlent différentes langues telles que l'espagnol, l'anglais ou l'ukrainien. Cependant, cela ne signifie pas nécessairement qu'ils ont une double personnalité. Depuis trente ans, certains, y compris moi-même, ont avancé l'argument de complémentarité, qui suggère que nous utilisons différentes langues dans différentes situations, contextes et avec différentes personnes. Par exemple, vous pouvez parler une langue très formelle avec le président de votre université et vous sentir très différent lorsque vous parlez en anglais avec cette personne, par rapport à quand vous parlez en français avec votre femme. Les monolingues doivent également s'adapter à des situations différentes en modifiant leur style et leur niveau de langue.

Bien qu'il soit possible que certains bilingues aient des personnalités multiples, cela peut également concerner les monolingues. En fin de compte, il est important de comprendre que nous sommes tous une unique personne, mais nous devons nous adapter à différentes situations pour des raisons culturelles, situationnelles ou contextuelles. Donc, je ne dirais pas que tous les bilingues ont des personnalités multiples.

Q3 : Pourriez-vous parler de l'âge optimal pour l'apprentissage d'une langue ? Des recherches suggèrent que si un enfant apprend une deuxième langue avant l'âge de cinq ans, il sera plus apte à apprendre d'autres langues plus facilement tout au long de sa vie. Il semble également y avoir une période clé juste avant l'adolescence. Une de mes amies, qui enseigne l'allemand en 5ème, affirme qu'elle peut identifier les enfants qui ont atteint la puberté, car ils ont beaucoup plus de mal à apprendre l'allemand que les autres enfants. Pour ma part, ayant été exposé au français et à l'italien avant la puberté, je trouve qu'il est facile d'apprendre les langues romanes, mais beaucoup plus difficile de maîtriser des langues autres que les langues latines.

R : La question de l'âge idéal pour apprendre une langue est un sujet de recherche actuel. Bien que la plupart des gens pensent qu'il est préférable de commencer le plus tôt possible, il est désormais évident que l'on peut commencer à tout âge et devenir un bilingue fantastique. Des exemples en témoignent, comme Joseph Conrad, qui a appris l'anglais à 18 ans et est devenu l'un des principaux écrivains de la littérature anglaise. Il est donc important de tenir compte d'autres facteurs pour réussir dans l'apprentissage d'une langue.

Il est vrai que plus on attend, plus il sera difficile de se débarrasser de l'accent étranger, mais il y a des personnes qui ont appris une langue à l'âge de 15 ans et qui parlent avec un accent parfait. Il est donc nécessaire de faire attention et de prendre en compte tous les facteurs. Nous n'avons pas encore la réponse définitive sur l'âge idéal pour apprendre une langue.

Q4 : J'ai une amie dont la fille est formée à la pédiatrie. Elle m'a dit que lorsqu'ils l'ont formée, ils lui ont appris à faire passer un test de langage aux enfants qui consistait à essayer de leur arracher des mots.

Elle a déclaré que les enfants bilingues avaient un vocabulaire réduit en anglais. Pour ma part, j'enseignais les bases de l'éducation bilingue ; un élève de ma classe a alors levé la main et a déclaré : « Ma mère est orthophoniste. Sur le site internet de l'association américaine d'orthophonie, il est écrit : « si vous êtes bilingue, il est plus probable que vous ayez un trouble de la parole ». Comment les parents peuvent-ils gérer les recherches contradictoires dans différentes disciplines concernant l'éducation bilingue, notamment en ce qui concerne les tests de langage, qui peuvent suggérer que les enfants bilingues ont un vocabulaire réduit en anglais, et les conseils des orthophonistes, qui indiquent que les enfants bilingues sont plus susceptibles d'avoir un trouble de la parole ?

R : En ayant du courage ! Concernant la première question, il est possible que les enfants aient un vocabulaire réduit lorsque leur utilisation de la langue est étudiée de manière indépendante, car ils utilisent leurs langues dans différents contextes, situations et domaines. Si, par exemple, la famille parle et joue en utilisant la langue A à la maison, alors que l'école utilise uniquement la langue B, l'enfant peut avoir un vocabulaire plus limité dans chacune de ces langues.

En combinant les vocabulaires des différentes langues, les enfants bilingues peuvent en fait avoir un vocabulaire supérieur. Les recherches ont montré que les enfants bilingues réussissent aussi bien que les enfants monolingues, donc nous devrions mettre de côté les idées préconçues selon lesquelles le bilinguisme peut causer des retards. La question est de savoir comment sensibiliser les professionnels qui n'ont pas de contact direct avec les enfants bilingues, et comment lutter contre le biais en faveur du monolinguisme.

De plus en plus de recherches réfutent l'idée que le bilinguisme peut causer des retards ou des difficultés linguistiques chez les enfants. Les preuves montrent que le bilinguisme n'est pas la cause de tels problèmes. Cependant, il peut être difficile de transmettre ce message aux professionnels de la santé tels que les pédiatres et les orthophonistes, car cela peut prendre beaucoup de temps pour surmonter les préjugés monolingues. Nous avons besoin de données solides provenant de sources fiables pour les convaincre et nous devons compter sur les orthophonistes bilingues pour changer les choses. Ce processus peut prendre des années voire des décennies, mais heureusement, il y a de plus en plus de professionnels bilingues qui peuvent nous aider à briser ces stéréotypes.

Peu de bilingues acceptent leur propre bilinguisme, ce qui constitue un défi difficile à surmonter. De nombreux bilingues sont des puristes et il est important de les aider à comprendre qui ils sont avant tout, puis à intégrer cela dans leur travail. Bien que cela prenne du temps, nous sommes tous là pour aider ces personnes à découvrir la véritable image du bilinguisme.

Q5 : Comment pouvons-nous, en tant qu'éducateurs, aider les enfants et leurs parents à réduire la pression liée aux tests dans l'enseignement bilingue, notamment en ce qui concerne les tests nationaux normalisés pour les écoles publiques et la pression entourant le Baccalauréat dans les écoles privées ? Comment pouvons-nous les encourager à considérer l'importance d'autres langues, même celles qui ne sont pas testées ?

R : Comment pouvons-nous aider les enfants et les parents à gérer la pression des tests dans l'enseignement bilingue ? La question est complexe car il est important que les enfants prennent plaisir à utiliser différentes langues, mais ils devront aussi être en mode monolingue à un certain moment de leur vie. Il est donc nécessaire d'adopter une double approche. D'une part, nous devons informer les commissions d'examen et de test sur le bilinguisme, sur le principe de complémentarité, afin qu'ils comprennent les besoins des enfants bilingues. D'autre part, nous devons encourager les enfants à s'améliorer dans les langues requises par les examens, en leur rappelant qu'ils doivent parfois tout faire en anglais, par exemple.

En tant que parents, nous devons également travailler avec nos enfants pour qu'ils maîtrisent les langues nécessaires à leur réussite aux examens. Il est important de rappeler que nos enfants ont besoin d'être de temps en temps monolingues, mais cela ne doit pas les empêcher de devenir des bilingues compétents. Des progrès peuvent être faits dans ce domaine.

Q6 : Quel est le meilleur point de départ pour l'apprentissage d'une langue, l'oral ou l'écrit ? Cette question est cruciale car il y a une grande différence entre parler une langue et avoir accès à sa version écrite. Pour beaucoup d'immigrants, cela peut être un défi majeur, surtout lorsque l'alphabet diffère de celui de leur langue maternelle. C'est un problème épineux qui mérite d'être exploré. En tant qu'éducateurs ou parents, il est important de comprendre les nuances de l'apprentissage de la langue écrite et de prodiguer des conseils appropriés pour aider les apprenants à réussir.

En tant que pédopsychiatre travaillant avec de jeunes enfants, je remarque que la manière dont les enfants deviennent bilingues peut varier considérablement. Il y a une grande différence entre les enfants qui apprennent une deuxième langue par nécessité, soit parce qu'elle fait partie de leur dynamique familiale, soit parce qu'ils sont issus de l'immigration, et ceux qui ont des parents aisés qui cherchent à leur apprendre une langue étrangère dès leur plus jeune âge, parfois même avant l'âge de quatre ans, en ayant recours à une baby-sitter qui parle une autre langue et en utilisant deux langues différentes à la maison. Dans le premier cas, l'apprentissage de la deuxième langue est souvent lié à des besoins pratiques, tandis que dans le second cas, il peut être plus lié à un désir de prestige ou d'opportunités futures. Il existe également des histoires fascinantes dans la psychanalyse, comme celle de la Tour de Babel, qui souligne la capacité à exprimer des sentiments dans une langue et à rêver dans une autre.

Il arrive que les langues ne soient pas toujours parfaitement intégrées, malgré les efforts. Cela ne signifie pas qu'il y ait une dualité de personnalité, mais plutôt qu'une partie de soi n'a pas complètement assimilé la langue étrangère. Pour illustrer cela, le joueur de tennis Federer avait expliqué que lorsqu'il ressentait des pulsions agressives, il parlait en français, tandis que lorsqu'il voulait se montrer très poli, il pensait en anglais.

R : Je respecte l'opinion du psychothérapeute, mais il est possible que Federer ait simplement appris à jurer en français ! En ce qui concerne l'alphabétisation, je crois que notre rôle en tant que parents et éducateurs est d'encourager les enfants à apprécier la découverte et la compréhension des textes écrits, quel que soit l'alphabet utilisé (alphabet romain, autres systèmes d'écriture, etc.). Nous devons encourager leur curiosité et leur intérêt pour la lecture et la compréhension des mots.

Si les alphabets sont identiques, il y aura un *transfert* de compétences entre les langues, ce qui signifie que l'enfant comprendra que le processus de lecture est similaire dans les deux langues. Cependant, si les alphabets sont différents, l'enfant devra progressivement comprendre les différences, telles que l'inversion du sens de lecture pour l'autre langue.

La stratégie la plus courante pour les éducateurs qui enseignent la bi-alphabétisation est de se baser sur le concept de transfert. Peu importe par quelle langue on commence, il est important de travailler sur les deux langues simultanément afin que l'enfant comprenne que bien que les langues aient des scripts différents : passer de la lecture dans l'une à la lecture dans l'autre est un processus similaire à celui de passer d'un signal visuel à des concepts.

Il y a une question très difficile qui se pose parfois, notamment en France et dans d'autres pays, où les parents refusent que leur enfant apprenne le latin et le grec, mais souhaitent plutôt qu'il suive des cours de breton pendant deux ans, malgré le fait qu'ils ne parlent pas eux-mêmes cette langue. Ils voient cela comme une sorte d'exercice cognitif pour leur enfant. Tout ce que je peux dire, c'est que nous devrions peut-être davantage éduquer ces parents sur ce qu'est le bilinguisme et comment ne pas laisser leurs enfants bloqués dans une seule langue sans aucun soutien. Mes questions aux parents seraient les suivantes : réfléchissez-vous aux besoins de votre enfant, pensez-vous à fournir un soutien adéquat, et pensez-vous au moment opportun pour l'apprentissage de différentes langues ? Cependant, il est vrai que les parents sont souvent très occupés et qu'ils n'ont pas toujours le temps de réfléchir à ces questions cruciales. Par conséquent, je pense que ce type de situation continuera à se produire.

Il y a également cette idée que l'on entend souvent : « Laissons une nourrice hispanophone s'occuper de l'enfant pendant trois ans, cela lui fera du bien ». Pendant ces trois ans, l'enfant parle espagnol avec sa nourrice. Et après ? Les parents sont souvent déçus que l'espagnol de l'enfant disparaisse après six mois, alors qu'ils ont dépensé temps, énergie et argent pour l'apprendre. C'est un sujet très délicat. Comment éduquer les parents sur le bilinguisme et le biculturalisme ? Nous pourrions consacrer toute une soirée à parler de ce sujet.

Q7 : Notre petite fille a déjà deux ans et demi et elle a une grande capacité à diviser linguistiquement l'identité de sa famille. Elle a récemment dit : « Papa dit *eins, zwei, drei* ; maman dit *un, deux, trois* ; et moi, je dis *one, two, three* ». Bien que nous interdisions l'anglais à la maison, car elle a déjà neuf heures d'anglais par jour, c'est un combat quotidien. Cependant, le problème est que nous ne pouvons pas tous nous installer en Suisse. Votre livre contient-il des conseils sur la manière dont nous pourrions changer la société pour aider les parents et les enfants à devenir plus bilingues sans dépenser des fortunes ?

R : La question que vous posez est assez complexe et je ne suis qu'un simple citoyen. Cependant, dans mes écrits, j'ai souvent souligné l'importance pour les pays de reconnaître la richesse de leurs langues et d'accepter que les gens puissent devenir bilingues, trilingues ou quadrilingues sans être stigmatisés. Malheureusement, la plupart des pays ont lié une langue à une culture et un territoire, et n'ont pas développé l'idée qu'il est acceptable d'être multilingue. J'ai récemment envoyé l'un de mes livres au Premier ministre français, qui parle quatre langues (catalan, espagnol, français et anglais), et j'ai reçu une réponse de son chef de cabinet, disant que le Premier ministre appréciait mon livre et qu'il était d'accord sur le fait que le bilinguisme devrait être encouragé et soutenu.

J'ai encadré la lettre car cela peut être le début d'une nouvelle approche pour encourager et soutenir le bilinguisme.

Le moment où Obama a déclaré que tous les enfants américains devaient être bilingues était crucial. Je pense qu'il est important de poursuivre les efforts ici à New York pour mettre en valeur le fait qu'être bilingue ne signifie pas que l'on n'est pas Américain.

Le fait que vous ayez l'impression de porter une mosaïque de cultures, comme la culture américaine et la culture française, ne signifie pas que vous ne pouvez pas être à la fois Français et Américain. Vous pouvez être la combinaison de différentes cultures et de langues tout en restant un citoyen respectueux des lois et des valeurs de chaque pays. C'est une crainte commune que nous devons prendre en considération.

Je suis d'avis que nous devrions persévérer dans cette voie et qu'un jour, la plupart des enfants de la majorité des pays grandiront en maîtrisant plusieurs langues. Nous devrions suivre l'exemple de nombreux pays africains où il est tout à fait courant de parler trois ou quatre langues différentes. En effet, c'est si ordinaire que, lorsqu'on se rend dans le village voisin pour trouver son conjoint, une autre langue est souvent déjà utilisée. Nous avons donc beaucoup à apprendre de ces pays en termes de bilinguisme et de plurilinguisme.

Q8 : J'ai deux questions à vous poser. Tout d'abord, je souhaiterais savoir si vous pouvez citer l'un de vos travaux, ou bien un travail que vous connaissez bien, portant sur les bases neuroscientifiques des principes que vous avez évoqués, tels que le principe de complémentarité. Ensuite, ma seconde question est plus pratique. En tant que résident en neurochirurgie dans un hôpital, je suis malheureusement rarement présent à la maison pour passer du temps avec mes deux jeunes enfants, même si j'applique le principe d'un parent-une langue. Ma fille de six ans est bilingue, tandis que mon fils de trois ans comprend le français mais ne le parle pas encore. Auriez-vous des conseils pour l'encourager à pratiquer davantage la langue française ?

R : Les frères et sœurs ont tendance à être encore moins disposés à parler la langue minoritaire avec leurs parents. Il faut donc tenir compte de ces facteurs (comme une sœur aînée avec laquelle il parle peut-être anglais, un père peu présent, peu de français parlé à la maison, etc.) et trouver des moyens de susciter un besoin d'utiliser le français chez votre enfant. En ce qui concerne les aspects neurologiques, nous avons parlé d'une révolution bilingue, mais il y a également une révolution neurolinguistique en cours. Cependant, j'en parle peu car c'est encore très récent. Il y a dix ou quinze ans, sans les techniques d'imagerie modernes, on pensait que la deuxième langue était traitée dans l'hémisphère gauche du cerveau et la première langue dans l'hémisphère droit.

Il existe actuellement une toute nouvelle science en développement, rendue possible grâce aux techniques d'imagerie cérébrale sophistiquées. Bien que des progrès soient en cours, il n'y a pas encore de découverte majeure à publier pour le moment. Je couvre ce sujet dans mes travaux, mais cette recherche reste encore très récente. Les avancées technologiques ont permis d'accéder à une science passionnante, mais il reste encore des problèmes à résoudre en matière d'imagerie cérébrale, tels que les seuils, les zones cérébrales activées, etc. Il est donc nécessaire d'attendre un peu avant de faire des découvertes significatives dans ce domaine.

Q9 : Est-ce envisageable de mesurer la quantité, la fréquence ou le taux d'exposition à une langue dès la petite enfance, pour déterminer si cela permet d'acquérir une base suffisante pour décider de continuer à la pratiquer par la suite ?

Ma femme et moi, nous sommes tous deux polyglottes et notre fils de deux ans et demi est exposé quotidiennement à nos quatre langues, bien que de manière variable. J'ai une inquiétude concernant le risque qu'il perde l'une de ces langues, en particulier ma langue maternelle, pour laquelle il est moins exposé que pour les autres.

R : Il est important que vous élaboriez une stratégie pour votre famille en ce qui concerne les langues que vous parlez. Avec quatre langues, cela peut être difficile à gérer, il est donc important de discuter avec votre femme et de décider quelles langues vous voulez promouvoir dans la famille. Vous devrez vous assurer que chaque langue reçoit le soutien dont elle a besoin dans des situations différentes. Il peut être utile de planifier des moments dans la semaine ou dans la journée où chaque langue est utilisée

Vous devez également réfléchir à la contribution de chaque langue, à la stratégie à adopter, au soutien disponible à l'extérieur de la famille et à la disponibilité des grands-parents. Ces derniers peuvent être d'une grande aide car ils peuvent parler une langue pendant une demi-journée ou une journée entière,ce qui est très bénéfique pour les enfants. En somme, pour votre famille, la planification linguistique est primordiale.

Deux conversations avec
Ana Inés Ansaldo

Ana Inés Ansaldo est une chercheuse de renom qui enseigne à l'École d'audiologie et d'orthophonie de l'Université de Montréal et dirige le Laboratoire de plasticité du cerveau, de la communication et du vieillissement au centre de recherche de l'Institut universitaire de gériatrie de Montréal. Elle se concentre sur les mécanismes de la plasticité cérébrale impliqués dans le traitement du langage, en particulier dans le contexte du vieillissement. Elle a reçu de nombreux prix pour ses travaux de recherche, notamment le prix spécial de l'Institut du vieillissement et le *Premio Venezia*. Elle a également été honorée par le Prix d'excellence en recherche clinique de l'établissement en réadaptation en déficience physique du Québec (AERDPQ), le Prix d'excellence du Centre de réadaptation Lucie Bruneau et le Prix d'Excellence de la Banque Royale du Canada.

Ana Inés Ansaldo utilise l'imagerie par résonance magnétique fonctionnelle ainsi que des outils issus de la neuropsychologie cognitive, et des sciences de la communication, pour étudier les mécanismes de plasticité cérébrale impliqués dans le traitement du langage, notamment dans le contexte du vieillissement. Elle se concentre sur la récupération des compétences linguistiques perturbées par un accident vasculaire cérébral ou une démence, en explorant les mécanismes de neuroplasticité.

Il y a quelque temps, j'ai eu la chance de rencontrer Ana Inés Ansaldo, qui m'a gentiment rendu visite avec son mari à Willsboro, sur le magnifique lac Champlain, où j'ai travaillé sur mon livre *La Révolution bilingue*. J'ai également eu l'opportunité de l'interviewer pour mon podcast Révolution Bilingue, et je l'ai ensuite invitée à donner une conférence lors du 5e Salon de l'éducation bilingue de New York. Grâce à son expertise, j'ai beaucoup appris sur les mécanismes de plasticité cérébrale impliqués dans le traitement du langage, en particulier dans le contexte du vieillissement. L'un de ses sujets de recherche principaux porte sur la récupération des compétences linguistiques souvent perturbées par un accident vasculaire cérébral ou une démence.

Ana Inés Ansaldo a démontré que les adultes bilingues ont la capacité de résoudre des problèmes sans utiliser certaines zones du cerveau qui sont plus sensibles au vieillissement. Ses recherches ont montré que les personnes bilingues ont une plus grande flexibilité mentale que les personnes monolingues, ce qui leur permet de changer de stratégie plus facilement pour résoudre des problèmes. De plus, ses travaux ont montré que la matière blanche et grise sont mieux préservées chez les personnes monolingues.

En somme, le bilinguisme régulier peut ralentir le processus de vieillissement cérébral. Ana Inés s'engage dans des initiatives qui visent à garder les personnes âgées actives grâce à l'apprentissage des langues, ce qui contribue positivement à leur bien-être général. Selon ses recherches, les adultes bilingues ont une flexibilité cognitive accrue, ce qui leur donne la capacité de modifier leurs stratégies pour résoudre des problèmes sans avoir à recourir à certaines parties du cerveau qui sont plus vulnérables au vieillissement. De plus, les études indiquent que la matière blanche et grise du cerveau est mieux préservée chez les personnes bilingues que chez les monolingues. Par conséquent, l'influence du bilinguisme sur la plasticité du cerveau peut être vue comme une protection contre le déclin cérébral lié à l'âge.

Les mystères du cerveau bilingue

Le podcast Révolution bilingue, épisode 2 : Les mystères du cerveau bilingue.
Remarque : les intervenants sont appelés « FJ » (Fabrice Jaumont) et « AIA »
(Ana Inés Ansaldo)

FJ : Dans cette première discussion avec Ana Inés Ansaldo, nous allons nous pencher sur le cerveau des personnes bilingues et explorer ce qui se passe dans notre lobe frontal. Grâce aux recherches du professeur Ansaldo sur les capacités cognitives des personnes bilingues, nous savons que le cerveau des personnes qui parlent deux langues tout au long de leur vie est plus résistant aux maladies liées au vieillissement. Ana Inés, pourriez-vous nous parler de vous et de votre parcours dans le domaine du plurilinguisme ?

AIA : Je suis Ana Inés Ansaldo, professeure au département d'orthophonie et d'audiologie de la Faculté de médecine de l'Université de Montréal et chercheuse au centre de recherche de l'Institut Universitaire de Gériatrie de Montréal. Je suis spécialisée dans l'étude de la plasticité du cerveau, de la communication et du vieillissement, avec un intérêt particulier pour le bilinguisme et son impact sur la cognition et le cerveau. Mon intérêt pour les langues vient de mon expérience personnelle, étant née en Argentine avec l'espagnol comme langue maternelle et une famille d'origine italienne et basque. J'ai grandi en écoutant et en parlant plusieurs langues dès mon plus jeune âge, étant exposée à l'anglais dès le jardin d'enfants. Mes parents ont toujours valorisé l'éducation et les langues, ce qui a exercé une influence marquante sur moi, notamment en écoutant de la musique dans plusieurs langues. La sensibilisation aux questions de langage a été renforcée lorsque mon grand-père a eu une attaque cérébrale et a rencontré des difficultés à communiquer. Cela m'a poussée à étudier l'orthophonie pour mieux comprendre le langage et ses mécanismes.

FJ : Donc, ce drame familial a eu un effet positif d'une certaine manière. Il a orienté vos recherches, n'est-ce pas ?

AIA : Eh bien, mon travail de recherche a commencé en grande partie avec l'étude de l'aphasie, qui est le trouble du langage chez les personnes victimes d'accidents vasculaires cérébraux ou d'autres maladies du cerveau. Mon intérêt pour l'aphasie bilingue a été éveillé dès mon premier article scientifique, qui portait sur un cas d'aphasie bilingue en Argentine. Ce cas concernait un Argentin qui avait étudié à l'université de Berkeley et qui parlait parfaitement l'anglais, bien qu'il ait appris cette langue plus tard dans sa vie. Vingt ans plus tard, cet homme a eu une attaque cérébrale en Argentine, et nous avons observé un phénomène très particulier : le code-switching pathologique. Cela signifie qu'il passait d'une langue à l'autre sans le vouloir, et qu'il ne pouvait pas contrôler la « sortie » de ses deux langues. Par exemple, il commençait une phrase en espagnol et la terminait en anglais. Cette situation était source de stress pour lui et créait des problèmes de communication car tout le monde ne comprenait pas l'anglais. J'ai étudié cette situation et j'ai trouvé un moyen de la transformer en quelque chose de positif. À l'époque, on recommandait de réhabiliter les gens en choisissant une seule langue. Cependant, je suis d'avis qu'un bilingue est plus qu'un simple locuteur de deux langues. Comme le souligne François Grosjean, un bilingue est un bilingue. En essayant d'éliminer une des deux langues, on retire un pied de la table et cela ne fonctionne pas.

Je me suis alors rendu compte que quelque chose de différent pouvait être fait avec cet homme. J'ai décidé de lui demander de ne pas inhiber la langue anglaise quand elle venait à lui : « Laisse sortir la phrase et essaie de la traduire après ». J'ai suggéré de traduire chaque fois que l'anglais se présentait et, grâce à cela, il a pu revenir à la langue cible, l'espagnol. Son état s'est considérablement amélioré et nous avons décidé de mener une étude que nous avons finalement publiée. Dans cette étude, nous avons démontré que les deux langues s'étaient améliorées et que sa communication était devenue plus fluide. C'est ainsi que j'ai commencé à m'intéresser au bilinguisme.

Au fil du temps, j'ai commencé à m'intéresser aux effets du bilinguisme sur le cerveau, car j'ai réalisé à quel point il était difficile d'apprendre et de vivre dans une langue étrangère. Mon expérience personnelle m'a aidé à comprendre cela, car j'ai déménagé au Canada sans parler couramment le français. J'ai choisi de faire mon doctorat à l'Université de Montréal en français, et cela m'a obligée à fonctionner tout le temps dans une langue qui n'était pas la mienne. Cela a été très fatigant, surtout lorsque j'essayais d'exprimer des idées complexes en français. En même temps, j'ai remarqué que ma fille, qui avait commencé à parler français dès l'âge de quatre ans à l'école française en Argentine, avait beaucoup moins de difficultés à s'adapter à cette langue. Elle parlait le français si bien qu'elle me corrigeait souvent. Cette différence dans nos capacités linguistiques m'a poussée à explorer les effets du bilinguisme sur le cerveau.

Je me suis alors rendu compte que je devais approfondir mes connaissances sur les mécanismes qui sont en jeu lorsque nous parlons une langue qui n'est pas notre langue maternelle, ainsi que sur les avantages que cela peut apporter à notre cognition et à notre cerveau. C'est comme ça que j'ai commencé à m'intéresser de plus en plus aux effets du bilinguisme sur le cerveau et sur la façon dont il fonctionne. Depuis, cette recherche a été un élément quotidien de ma vie et je trouve toujours ce domaine d'étude passionnant. Au cours des vingt dernières années, de nombreux débats et recherches se sont développés autour de cette question, et le grand public s'y intéresse de plus en plus. Je crois que nous vivons une époque historique, où la mondialisation et l'ouverture d'esprit envers d'autres cultures créent un élan extraordinaire pour la question du bilinguisme.

FJ : Pouvez-vous approfondir les bénéfices et les désavantages du bilinguisme ?

AIA : Bien entendu. Dans nos recherches, nous avons d'abord étudié le comportement des bilingues, en comparant les enfants et les adultes bilingues dans des tâches exigeant de se concentrer sur une information spécifique, tout en ignorant les événements interférents. Ces tâches mesurent l'attention et le contrôle attentionnel, et nous avons constaté que les bilingues avaient généralement des temps de réponse plus courts et commettaient moins d'erreurs que les monolingues. Nous avons observé ce phénomène dans tous les groupes : enfants, adultes et personnes âgées. Nous avons émis l'hypothèse que, en tant que bilingue, on est obligé d'inhiber la langue qui n'est pas utilisée dans le contexte actuel. Par exemple, dans un environnement francophone, je dois inhiber l'espagnol, l'anglais ou l'italien pour pouvoir parler et me concentrer sur le français. Cet exercice d'inhibition peut être très exigeant, surtout dans un environnement plurilingue, mais il entraîne des bénéfices cognitifs importants.

FJ : En fin de compte, que se passe-t-il dans le cerveau ?

AIA : Je me sers d'un outil appelé « neuro-imagerie par résonance magnétique fonctionnelle » (IRMf) pour voir l'activité cérébrale pendant que les sujets effectuent une tâche cognitive. Cet outil est un peu comme un scanner, où nous projetons des images et les sujets doivent résoudre des problèmes en appuyant sur des boutons ou en prononçant des mots. Grâce à cette technologie, nous pouvons calculer les divergences d'activation dans différentes régions du cerveau et comprendre quelles zones sont utilisées et lesquelles ne le sont pas. Nous pouvons également étudier les circuits, c'est-à-dire des ensembles de zones qui se connectent simultanément pour effectuer une tâche. Cela nous permet de comparer les réseaux des bilingues et des monolingues lorsqu'ils effectuent différentes tâches. Cette méthode est une combinaison de sciences et de mathématiques que l'on appelle science computationnelle.

Nous avons commencé à explorer cette question avec les personnes âgées, car il est naturel que nos capacités cognitives diminuent avec l'âge. Cependant, il est important de noter que ce déclin n'est pas une maladie et qu'il ne doit pas être confondu avec les maladies liées au vieillissement. Nous avions des hypothèses et pensions que les circuits responsables du soutien des processus d'attention divisée pourraient être plus robustes chez les bilingues, car ils les pratiquent tout au long de leur vie. Pour l'expliquer simplement, cela pourrait être comparé à l'entraînement de nos muscles : lorsque nous effectuons des exercices abdominaux, nos muscles deviennent plus forts, ce qui nous permet de mieux vieillir. Après avoir étudié les personnes âgées bilingues et monolingues, nous avons utilisé un jeu appelé la tâche de Simon, où les participants doivent se concentrer sur la couleur d'un carré qui apparaît, et appuyer sur un bouton spécifique lorsqu'ils voient la couleur bleue. Cette tâche devient difficile lorsque la couleur apparaît du côté opposé du bouton sur lequel il faut appuyer, car cela nécessite d'inhiber une tendance naturelle. En mesurant le processus d'attention divisée ou de contrôle attentionnel, nous avons étudié les activations du cerveau chez les adultes monolingues plus âgés et les bilingues. Nous avons constaté que les deux groupes étaient aussi efficaces pour cette tâche, mais le cerveau des monolingues devait recruter des régions spécifiques situées dans les lobes frontaux, qui sont particulièrement vulnérables au vieillissement. En revanche, les bilingues ont accompli la tâche en activant une partie du cerveau qui traite les couleurs, ce qui suggère qu'ils ont pu se concentrer sur la couleur malgré les interférences liées à l'emplacement sur l'écran. En d'autres termes, les bilingues ont montré une plus grande flexibilité cognitive et une utilisation plus efficace de leur cerveau pour effectuer la tâche, tandis que les monolingues ont dû mobiliser des ressources supplémentaires pour la même tâche. Nous avons découvert que les bilingues ont un avantage car leur cerveau dépense moins de ressources attentionnelles pour accomplir des tâches de contrôle attentionnel. En vieillissant, les régions des lobes frontaux qui sont importantes pour l'attention divisée deviennent vulnérables, mais les bilingues n'ont pas besoin de les utiliser, ce qui leur permet de continuer à fonctionner même s'ils ont une maladie mineure des lobes frontaux. Cela explique peut-être pourquoi les bilingues présentent des symptômes de déclin plus tard que les monolingues, bien que la condition soit présente. En développant d'autres circuits pour gérer les conflits entre les informations, le cerveau a un plan B en cas de problème dans les lobes frontaux.

FJ : Quelles sont les différences significatives dans la cartographie du cerveau humain entre les bilingues et les monolingues, sachant que le cerveau des bilingues dispose d'un plan B contre les maladies liées à l'âge telles que la démence, Charcot, Parkinson ou Alzheimer ?

AIA : Dans le cerveau monolingue, de nombreuses régions cérébrales interagissent et coopèrent pour effectuer une tâche, chacune apportant sa contribution. En revanche, chez les bilingues, deux zones spécifiques et très connectées entre elles sont sollicitées pour effectuer une même tâche. Cette organisation cérébrale permet une économie d'effort et de ressources dans le cerveau des bilingues, ce qui est fascinant à observer.

FJ : Le bilinguisme est un sujet fascinant qui peut être étudié à partir de nombreuses perspectives. Grâce aux progrès de la neuro-imagerie, la recherche en sciences cognitives est devenue de plus en plus complexe. Des études médicales, neuropsychologiques et neurophysiologiques sur le cerveau bilingue ont été menées depuis longtemps. Les neurologues ont commencé à étudier le cerveau bilingue dès le début du XXème siècle, en se concentrant notamment sur la plasticité cérébrale et l'organisation de la cognition bilingue.

Pour encourager nos auditeurs à pratiquer les langues étrangères, pourriez-vous partager votre expérience d'apprentissage d'une langue et de communication dans plusieurs langues ?

AIA : Nous menons des études sur les bilingues tardifs, y compris moi-même, pour comprendre ce qui se passe dans leur cerveau. Nous avons une hypothèse selon laquelle les avantages du bilinguisme sont liés à l'effort nécessaire pour gérer deux langues en concurrence constante, et que cet effort est encore plus important chez les bilingues tardifs que chez les bilingues précoces. Nous pensons que nos recherches confirmeront cette hypothèse, car l'apprentissage d'une langue à un âge plus avancé exige un effort plus important.

FJ : Cette découverte pourrait être encourageante pour les personnes qui souhaitent apprendre une nouvelle langue. En effet, cela pourrait signifier que même si vous commencez à apprendre une langue plus tard dans la vie, vous pourriez toujours bénéficier des avantages du bilinguisme pour la santé du cerveau et le déclin cognitif lié à l'âge. Donc, si vous avez toujours voulu apprendre une nouvelle langue comme le japonais ou l'italien, cela pourrait valoir la peine d'essayer, car cela pourrait potentiellement ajouter des années de santé à votre vie.

AIA : En effet, nous menons actuellement une étude sur ce sujet. Nous cherchons à déterminer quelle méthode d'apprentissage des langues serait la plus efficace. Cependant, il reste à déterminer comment concevoir cette méthode. Quel environnement d'apprentissage serait le plus propice pour stimuler l'apprentissage des langues ?

FJ : Vous voulez dire pour activer ?

AIA : Oui, pour activer les processus. Nous avons des hypothèses parce que nous avons déjà fait des études pilotes sur les meilleures méthodes, et il y a même des études récentes qui montrent, par exemple, les avantages de la méthode d'immersion dans une langue.

FJ : L'immersion, oui, bien sûr.

AIA : L'immersion dans une deuxième langue est une expérience très positive pour ce type d'amélioration cognitive, car il ne s'agit pas d'une personne seule avec son ordinateur. En immersion, vous devez interagir. Ce qui est fabuleux.

FJ : Y a-t-il des inconvénients à être bilingue ?

AIA : L'apprentissage d'une seconde langue peut présenter des défis, qui peuvent être considérables. Que ce soit chez les enfants ou chez les adultes, l'effort cognitif nécessaire pour apprendre une deuxième langue peut être comparable à un entraînement physique intensif. De plus, certains enfants peuvent présenter des troubles du développement du langage, ce qui peut être un défi supplémentaire pour l'apprentissage d'une deuxième langue. Toutefois, il a été démontré que ces troubles n'affectent pas nécessairement l'acquisition d'une seconde langue. Contrairement à une idée reçue selon laquelle un enfant avec un retard de langage ne pourrait pas apprendre une deuxième langue, des études ont montré que cela était tout à fait possible. Jongler avec deux balles peut sembler plus difficile que jongler avec trois, mais cela ne signifie pas que le cerveau ne peut pas le faire. En fin de compte, il n'y a pas d'inconvénients connus à être bilingue, mais cela peut nécessiter des efforts significatifs.

FJ : Nous arrivons à la fin de notre discussion avec Ana Inés Ansaldo. Les premiers résultats de la recherche sont très prometteurs et apportent un réel encouragement pour apprécier l'apprentissage des langues. La question est de savoir si cela peut être bénéfique pour notre santé mentale et améliorer notre qualité de vie à mesure que nous vieillissons.

Les avantages d'un cerveau bilingue

À la cinquième foire de l'éducation bilingue de New York, le 3 novembre 2018
Remarque : les intervenants sont appelés « FJ » (Fabrice Jaumont), « AIA »
(Ana Inés Ansaldo).

FJ : Je vous remercie de votre présence cet après-midi. Nous sommes ravis de vous accueillir pour cet entretien, d'autant plus que le marathon et les élections approchent. Le bilinguisme ne se limite pas à l'apprentissage de langues étrangères, il devrait être la norme. C'est un atout auquel chaque enfant devrait avoir accès. Je suis convaincu que c'est un don qui continue nous profiter tout au long de notre vie, et c'est pourquoi il est si important d'écouter et d'accueillir la Professeure Ansaldo, qui va nous parler de l'impact du bilinguisme sur notre cerveau, notre vie et notre longévité. Ana Inés, pouvez-vous vous présenter et nous dire quel est votre lien avec le sujet du bilinguisme ?

AIA : Je suis professeure et chercheuse à l'Université de Montréal. Mes travaux portent sur la neuroplasticité et les différents facteurs qui peuvent influencer le cerveau tout au long de la vie, dont le bilinguisme. Mon intérêt pour ce sujet remonte à mon enfance en Argentine, un pays essentiellement unilingue mais où la plupart des habitants ont des ancêtres immigrés. J'ai moi-même des origines italiennes et basques, et j'ai eu la chance de bénéficier d'une éducation bilingue dès mon plus jeune âge. Je me souviens avoir passé beaucoup de temps à jouer en anglais et en espagnol, notamment en faisant la « professeure » en donnant les instructions en anglais.

Quand j'ai choisi d'aller à l'université, j'étais intéressée par les sciences de la communication et j'ai donc décidé de m'inscrire dans le programme d'orthophonie. Mon intérêt pour les langues et la communication a rapidement augmenté. J'ai commencé à étudier les personnes souffrant d'aphasie, une perturbation du langage due à des lésions cérébrales, et j'ai rencontré un homme bilingue souffrant d'aphasie. Cet homme était originaire d'Argentine et parlait couramment l'anglais. Après avoir subi un accident vasculaire cérébral, il est venu dans ma clinique. À ce stade, je ne faisais que des essais cliniques et j'ai été fascinée de voir comment il mélangeait les deux langues et ne pouvait pas les contrôler. C'est à ce moment-là que j'ai développé une thérapie qui prend en compte le bilinguisme de l'individu, plutôt que de chercher à le réhabiliter dans une langue ou dans l'autre. Pour moi, être bilingue représente plus que d'avoir deux langues distinctes dans le cerveau. C'est l'individu bilingue en tant que tel. J'ai donc mis au point une méthode de réhabilitation qui utilise les deux langues pour aider la personne. Cette méthode a ensuite été publiée. Ainsi, cette expérience a exercé une grande influence sur ma trajectoire de vie. J'ai décidé de poursuivre mes études en orthophonie à l'université, ce qui a renforcé mon intérêt pour les langues et la communication. J'ai commencé à m'intéresser aux personnes souffrant d'aphasie bilingue et j'ai développé une thérapie qui considérait les patients comme des individus bilingues, ce qui a amélioré leur communication dans les deux langues. Tout cela a façonné ma décision de poursuivre un doctorat à l'Université de Montréal en français, malgré les défis que cela impliquait. Après cela, j'ai continué à étudier les corrélats comportementaux et cérébraux du bilinguisme, en particulier chez les adultes âgés. Bien sûr, j'ai également une forte curiosité pour le bilinguisme chez les enfants, d'autant plus que j'ai trois petits-enfants qui parlent plusieurs langues.

FJ : C'est donc vraiment une histoire personnelle que vous avez transformée en projet de recherche et vous êtes maintenant l'experte du cerveau bilingue. Pourriez-vous nous expliquer ce qu'est le cerveau bilingue et ce qui s'y passe ?

AIA : Tout d'abord, lorsque nous parlons plusieurs langues, notre comportement change. Cela a un impact sur notre cerveau qui est très plastique. Tout ce que nous faisons dans notre vie, notre parcours et nos expériences ont un impact sur notre cerveau. Le bilinguisme est l'un de ces nombreux facteurs. Par exemple, en ce moment, je parle anglais, mais j'ai aussi ma langue maternelle, l'espagnol, et mon français qui est devenu très solide parce que je suis à Montréal depuis 25 ans et que je vis et enseigne en français. Ces trois langues sont toujours activées et je dois me concentrer sur l'anglais, mais les autres langues essaient de s'immiscer dans ce que je dis, même si je dois me concentrer sur une seule langue, comme l'anglais en ce moment. Vous pouvez entendre mon accent, c'est un mélange que je dois contrôler grâce à ma fonction exécutive. La fonction exécutive est une capacité cognitive très importante que nous utilisons tous les jours. Elle inclut l'attention, la focalisation de l'attention et l'inhibition des informations qui ne sont pas pertinentes à un moment donné. Lorsque nous sommes bilingues, nous exerçons constamment nos fonctions exécutives. C'est très important car cela a un impact sur notre comportement et notre cerveau. Au niveau comportemental, les bilingues, qu'ils soient jeunes ou âgés, apprennent à filtrer les informations qui ne sont pas pertinentes pour la situation actuelle et à capturer les indices les plus importants de l'environnement. C'est un avantage non seulement pour les enfants qui comprennent les situations plus rapidement, mais également pour les adultes, car cela fait partie des compétences sociales et de communication qui sont de plus en plus appréciées et recherchées dans les postes importants, la communication étant la clé de tout ce que nous faisons.

FJ : Pouvons-nous considérer que le fait d'être bilingue confère des avantages considérables ? Des articles de presse évoquent régulièrement les capacités supérieures des bilingues en mathématiques, en musique, etc. Est-ce réellement le cas ?

AIA : Je n'apprécie pas l'idée de « super-pouvoirs » car cela n'est pas tout à fait exact. Le cerveau possède un potentiel qui peut être exercé grâce à l'apprentissage du bilinguisme, comme c'est le cas pour d'autres domaines tels que la musique. Il est vrai que les enfants bilingues ont souvent de meilleures compétences en mathématiques et en communication, ils sont capables de se concentrer sur l'essentiel sans se laisser distraire par des signaux environnementaux. L'attention étant une capacité clé dans l'apprentissage en général, cela n'est pas surprenant. Bien que nous ne l'ayons pas encore observé, nous étudions maintenant systématiquement les effets du bilinguisme sur le cerveau. Lorsque nous apprenons une nouvelle langue, même en quelques mois de manière intensive, cela peut engendrer des changements significatifs dans notre matière grise. Des zones spécifiques du cerveau peuvent s'épaissir grâce à l'apprentissage. Une étude réalisée en Allemagne a examiné des personnes nouvellement recrutées par une compagnie aérienne allemande. Ces employés devaient apprendre l'allemand et ont été formés de manière intensive. Certains collègues en Allemagne ont eu l'idée de mesurer la matière grise avant et après la formation, et ont constaté que l'acquisition de nouveaux mots a entraîné une augmentation de la matière grise. Cependant, il est important de se demander comment cela affecte notre comportement. Lorsque l'on considère le vieillissement, nous remarquons que cela peut avoir un impact significatif, car nous perdons de la matière grise en vieillissant. Nos recherches sur le vieillissement et le bilinguisme, ainsi qu'une étude menée par un collègue et ami en Inde, Suvar Nalati, nous ont permis de constater que la réserve de matière grise joue un rôle important dans la prévention de l'apparition des symptômes de maladies comme Alzheimer chez les bilingues. En effet, même en cas de contraction de la maladie, les bilingues présentent les premiers symptômes environ cinq à six ans plus tard que les monolingues, grâce à leur réserve neurale. Bien que certains pourraient considérer cette différence comme minime, elle est en réalité significative car elle peut considérablement améliorer la qualité de vie de la personne. La capacité du bilinguisme à préserver la substance blanche est également un facteur clé dans les bienfaits que cette pratique offre tout au long de la vie.

FJ : Que devons-nous faire pour bénéficier de tous ces avantages ?

AIA : Il est très pertinent de se poser cette question, car nous avons étudié ce sujet sous plusieurs angles. Tout d'abord, on pensait que le bilinguisme devait être acquis très jeune pour bénéficier pleinement de ses avantages. Cependant, nous avons réalisé que même en apprenant une langue plus tardivement dans la vie, on peut profiter de ces avantages si on l'utilise régulièrement. En d'autres termes, il ne s'agit pas seulement d'apprendre la langue, mais aussi de l'utiliser fréquemment dans un contexte naturel. Il est plus facile de parler une langue dans une salle de classe où tout le monde parle la même langue et où les instructions sont données dans la langue cible. Mais en dehors de cet environnement, lorsqu'on est en contact avec des locuteurs de différentes langues et qu'on doit faire face à un véritable défi de communication, cela permet de réellement exercer nos fonctions exécutives, ce qui, avec la pratique et la répétition, peut porter ses fruits.

FJ : Pensez-vous que le bilinguisme renforce le cerveau et que cela devrait être une recommandation pour améliorer la santé et la longévité pour tout le monde ?

AIA : Absolument, je suis convaincue que le bilinguisme renforce notre cerveau. Étant originaire du Canada, un pays bilingue, je suis consciente de l'influence de la politique éducative sur ce sujet. Si nous pouvons prouver les avantages du bilinguisme de manière concluante, cela pourrait bénéficier à un grand nombre de personnes. Toutefois, pour cela, nous devons suivre une méthodologie rigoureuse dans nos recherches. De plus en plus de personnes se tournent vers l'éducation bilingue de leur propre chef, et plus de la moitié de la population mondiale est déjà bilingue.

Les avantages du bilinguisme ne sont pas seulement cognitifs et neuronaux, mais s'étendent également à la compréhension de la culture et des valeurs associées à la langue. Au Québec, par exemple, nous sommes très fiers de notre héritage français, et apprendre une langue étrangère permet de mieux comprendre la culture qui l'accompagne. Cela peut également aider à mieux comprendre les gens et à réduire la peur, ce qui peut avoir un impact positif sur notre bien-être. Je pense donc que le bilinguisme peut offrir de nombreux avantages à différents niveaux.

FJ : Donc, vous pensez que le monolinguisme peut être guéri ? (Rires)

AIA : Selon moi, il est possible que la plupart des gens soient capables d'apprendre une nouvelle langue s'ils y sont exposés de manière appropriée. Tout dépend aussi de l'attitude qu'ils adoptent. Si l'on observe les générations plus jeunes, c'est vraiment impressionnant. Personnellement, j'étais à Montréal depuis environ 25 ans, et quand je suis arrivée, les gens parlaient principalement l'anglais et le français, avec un peu d'espagnol, peut-être un peu de portugais et un peu d'arabe, mais pas autant qu'aujourd'hui.

Aujourd'hui, la situation a beaucoup changé et il est de plus en plus courant de parler plusieurs langues. En tant que professeure à l'université, j'ai remarqué que les jeunes sont très motivés pour apprendre différentes langues et ils sont convaincus qu'ils peuvent y arriver. Les couples interculturels sont également une grande contribution à cette tendance croissante du bilinguisme. La diversité linguistique est désormais une source de richesse pour les gens plutôt qu'un obstacle. Je me rappelle quand je suis arrivée à Montréal il y a 25 ans, j'étais surprise de voir des couples mixtes et leurs bébés dans des poussettes. Aujourd'hui, cette diversité culturelle contribue au fait que le bilinguisme est de plus en plus commun.

FJ : Je suis touché par vos propos car nous partageons la même conviction ici à New York, que ce soit au sein des écoles, des éducateurs ou des parents. En ce qui concerne la technique, nous avons encore beaucoup à apprendre sur la manière d'étudier, de mesurer et de travailler avec le cerveau. Pourriez-vous nous en dire davantage sur les équipements que vous utilisez pour vos recherches ?

AIA : Absolument, nous utilisons une machine appelée IRM fonctionnelle pour examiner le cerveau. C'est un outil très puissant car il nous permet de visualiser les changements dans l'activité cérébrale, en particulier les différentes zones impliquées lors de l'exécution d'une tâche spécifique. Pour ce faire, nous plaçons la personne dans un scanner IRM, un grand tube dans lequel elle est allongée, et nous lui demandons de réaliser différentes tâches cognitives.

Nous prenons ensuite des images de son cerveau pendant qu'il effectue ces tâches, puis nous effectuons des analyses complexes pour identifier les zones activées et mesurer leur contribution à l'exécution de la tâche. En comparant les populations de bilingues et de monolingues effectuant les mêmes tâches, nous pouvons identifier les différences dans les zones activées entre les deux groupes.

Pour mener ces recherches, je travaille avec des physiciens et des informaticiens pour développer des modèles mathématiques qui permettent de mieux comprendre le fonctionnement des réseaux cérébraux impliqués dans l'apprentissage d'une langue.

Nous examinons les connexions entre les différentes zones du cerveau pour comprendre la force de leur interaction. Nous pouvons ainsi déterminer si une activité spécifique emprunte un circuit ou un autre dans des populations différentes, et si la même tâche nécessite une plus grande partie du cerveau dans une population par rapport à une autre. Nous utilisons des paramètres pour comparer les réseaux cérébraux des bilingues et des monolingues, afin d'étudier les effets du bilinguisme sur la manière dont le cerveau traite les tâches. En somme, nous utilisons des modèles mathématiques pour décrire les réseaux impliqués et leur connectivité, afin de mieux comprendre les différences entre les bilingues et les monolingues dans l'exécution des tâches.

FJ : Qu'est-ce qui fonctionne quand je parle anglais ou quand vous parlez français et espagnol en même temps ?

AIA : La réponse à cette question dépend de plusieurs facteurs, mais en général, un bilingue très compétent utilise les mêmes zones du cerveau pour sa langue seconde que pour sa langue maternelle.

FJ : De quelles régions s'agit-il ?

AIA : Les zones du cerveau responsables du langage se trouvent principalement dans les lobes temporaux et frontaux, notamment la zone de Broca. Si vous êtes un bilingue compétent, vous utiliserez ces mêmes zones pour votre seconde langue que pour votre langue maternelle. Lorsque vous passez d'une langue à l'autre pendant une conversation multilingue, vos lobes frontaux travaillent davantage car vous devez passer d'une langue à l'autre rapidement.

Nous avons étudié les bilingues et les monolingues dans un scanner en leur faisant effectuer une tâche de fonction exécutive appelée la tâche de Simon, où ils doivent se concentrer sur la couleur d'une cible à l'écran sans se soucier de l'endroit où elle apparaît.

Lors de cette tâche, les bilingues compétents utilisent les mêmes zones de langage que pour leur langue maternelle, qui se trouvent dans les lobes temporaux et frontaux de Broca, entre autres. Lorsque vous passez d'une langue à l'autre dans une conversation multilingue, vous sollicitez davantage vos lobes frontaux pour passer d'une langue à l'autre. Lorsque nous comparons les bilingues et les monolingues en effectuant une tâche de fonction exécutive, telle que la tâche de Simon, les bilingues n'ont pas besoin d'utiliser autant les lobes frontaux que les monolingues, car ils filtrent mieux les informations non pertinentes et se concentrent sur la tâche principale.

Cela peut être observé en comparant les activations dans les zones postérieures impliquées dans le traitement de la couleur. Les bilingues consomment donc moins de ressources cérébrales pour effectuer la même tâche, ce qui leur donne un avantage, en particulier en vieillissant lorsque la perte de ces ressources est plus importante.

Dans la même perspective, nous avons étudié la connectivité globale du cerveau, sans nous limiter aux réseaux impliqués dans la tâche. Nous avons observé que les monolingues activaient un réseau étendu impliquant différentes aires cérébrales (aires visuelles, motrices, fonctions exécutives, etc.) interconnectées à des degrés similaires. En revanche, les bilingues avaient un réseau très ciblé, hautement spécialisé dans le traitement des couleurs (l'information clé pour résoudre la tâche de Simon) et impliquant uniquement deux aires très fortement interconnectées. Nous abordons ici le principe d'efficacité cérébrale dans les cerveaux bilingues, qui est une notion très intéressante.

FJ : Le cerveau bilingue est plus efficace dans un sens.

AIA : Oui, en effet. C'est particulièrement pertinent dans des situations où il est nécessaire de se concentrer sur des informations pertinentes tout en filtrant celles qui ne le sont pas.

C'est une compétence essentielle pour la vie quotidienne, surtout dans une ville comme New York où il y a une multitude d'activités simultanées et où il est nécessaire de garder le fil d'une conversation sans être distrait par l'environnement. Même dans une conversation, il peut y avoir des interruptions ou des digressions, et il est important de rester concentré sur son sujet. Les bilingues ont tendance à être meilleurs dans ce domaine et à utiliser moins de ressources cérébrales pour y parvenir.

FJ : Même les enfants, vous pensez ?

AIA : Une étude spécifique sur la connectivité cérébrale chez les enfants bilingues n'a pas encore été réalisée, mais des études montrent que les enfants bilingues sont plus efficaces pour filtrer les informations au niveau comportemental dans des tâches similaires. Par exemple, dans une tâche comme celle que j'ai décrite précédemment, les enfants bilingues commettent moins d'erreurs et sont plus rapides que les enfants monolingues. Cela peut être lié au fait que les enfants bilingues sont capables de mieux se concentrer sur les informations pertinentes. Cette capacité peut également se traduire par une meilleure performance dans d'autres matières, comme les mathématiques, qui nécessitent également une concentration et une résolution de problèmes efficaces. Mes collègues qui travaillent avec des enfants bilingues ont également constaté cette amélioration de la performance.

FJ : Avant de répondre à quelques questions du public, que recommanderiez-vous ? Il y a beaucoup de parents dans la salle et d'enseignants. Est-ce qu'il existe une recette secrète que vous voudriez leur donner ?

AIA : Je voudrais souligner l'importance de démystifier les risques liés à l'apprentissage de deux langues chez les enfants, même en présence de troubles ou de retards du langage. Tout d'abord, il est possible que les enfants qui apprennent deux langues parlent initialement moins que les enfants qui n'apprennent qu'une seule langue, car ils doivent organiser les informations linguistiques dans leur esprit.

Cela peut prendre du temps, mais une fois que l'enfant maîtrise les deux langues, il sait comment les utiliser et s'adapter à son auditoire. Les avantages de l'apprentissage de deux langues sont énormes et valent largement le temps supplémentaire nécessaire pour maîtriser les deux langues. En fin de compte, il n'y a pas de risques liés à l'apprentissage de deux langues chez les enfants, et nous devrions tous encourager l'apprentissage précoce des langues étrangères.

Le deuxième mythe que j'aimerais dissiper concerne les couples bilingues. Pendant longtemps, on a dit que chaque parent devait être associé à une langue spécifique pour l'enfant. Aujourd'hui, nous ne préconisons plus cette approche, car même si cela peut sembler plus simple pour l'enfant, si cela devient artificiel et contraint dans la communication quotidienne, cela n'est pas bénéfique. Il est préférable d'être spontané et de parler naturellement dans les deux langues, cela peut prendre un peu plus de temps mais pas de manière significative.

Le troisième mythe est d'une grande importance : si un enfant rencontre des difficultés avec l'apprentissage d'une langue, il est souvent conseillé d'arrêter l'apprentissage de la seconde langue. Cependant, ce n'est pas du tout vrai ! L'un de mes collègues à l'Université de McGill a mené une étude approfondie sur ce sujet. En réalité, les enfants rencontrant des difficultés avec l'apprentissage linguistique peuvent parfaitement apprendre deux langues, et cela ne constitue pas un défi supplémentaire pour eux. Au contraire, cela peut même être bénéfique, car l'enfant a deux langues entre lesquelles il peut choisir des éléments lexicaux et des stratégies de communication.

Je suis convaincue que tout le monde devrait avoir la chance d'apprendre une seconde langue et je pense que vous effectuez un travail merveilleux en promouvant l'apprentissage de la seconde langue pour toutes les raisons que j'ai expliquées. Vous êtes probablement, comme on dit en français, « *à la pointe de la vague* », car c'est ce qui se produit spontanément partout dans le monde aujourd'hui.

FJ : Merci beaucoup. Nous allons donc répondre à quelques questions.

Q&R

Q1 : Merci beaucoup, je m'appelle Valérie et voici mon mari Ian. Nous vivons à New York depuis environ cinq ans. Je suis de nationalité belge de langue maternelle néerlandaise et il est français de langue maternelle française, mais notre langue commune est en fait principalement l'anglais. Quelle langue devons-nous utiliser avec notre bébé ? Maintenant que nous attendons un bébé, nous nous demandons s'il est préférable d'utiliser les trois langues : idéalement, je parlerais néerlandais au bébé, Ian parlerait français et à l'école, l'enfant apprendrait l'anglais. Cependant, nous craignons que cela ne soit trop et ne nuise à la communication naturelle avec notre bébé. Serait-il plus judicieux de continuer à parler anglais à la maison et d'envoyer notre enfant dans une école française ? Nous cherchons à trouver un équilibre entre les différentes langues.

R : Quelle est la langue que vous et votre mari parlez ensemble ?

Q1 : En général, nous utilisons l'anglais, environ 80% du temps. Cependant, nous utilisons parfois le français, car le français est ma seconde langue en Belgique et mon mari étudie actuellement le néerlandais.

R : C'est merveilleux !

Q1 : Pour être honnête, ça ne marche pas vraiment, mais on gagne des points pour nos efforts ! (Rires)

R : Je trouve formidable que vous offriez à votre enfant toutes ces opportunités linguistiques. Bien que les recherches sur les enfants trilingues soient encore peu nombreuses, celles qui existent montrent que pendant les premières années, l'enfant a tendance à parler sa langue maternelle, puis la langue maternelle de l'autre parent est également introduite. Lorsque l'enfant est exposé à l'environnement extérieur et à l'école, la langue de l'environnement prend le dessus. Le cerveau est un organe incroyablement puissant et s'adapte facilement à l'apprentissage de plusieurs langues.

Si vous utilisez principalement l'anglais dans votre vie quotidienne, je vous conseille de continuer ainsi, car votre enfant le reconnaîtra comme la langue de communication commune. Ne vous inquiétez pas si vous remarquez que d'autres enfants parlent plus rapidement une seule langue, car votre enfant doit lier le contenu de toutes les langues auxquelles il sera exposé. Cependant, la compréhension devrait être au même niveau dans les trois langues, et il n'est pas nécessaire de choisir une garderie dédiée à une seule langue si vous décidez d'en envoyer votre enfant à une garderie.

Q1 : Merci beaucoup.

Q2 : Je suis dans une situation similaire et je voulais partager mon expérience avec vous. Je m'appelle Marshall Van Dan et je suis musicien. J'ai en commun avec vous le fait que j'ai décidé de faire mon doctorat en France, en français, bien que je sois néerlandais et que ma langue maternelle soit le néerlandais. Je parle également couramment l'anglais. J'ai deux filles et la première est née lorsque nous vivions en France. Je lui parlais en néerlandais et ma femme lui parlait en français. Quand je lui demandais en néerlandais « Que fait un poulet ? », elle répondait « toc toc toc » et quand on lui posait la même question en français, elle répondait « il fait cot cot cot ». C'était amusant de voir comment les animaux ne « parlent » pas la même langue.

Elle a donc commencé par apprendre le néerlandais, puis le français, et enfin l'anglais. C'est en écoutant de la musique qu'elle a appris l'anglais. Son professeur d'anglais s'appelait Robbie Williams, et elle l'appréciait beaucoup. Je voulais simplement partager cela avec vous car je ne comprends toujours pas comment cela a été possible. Un jour, ma femme et moi n'arrivions pas à comprendre les paroles d'une chanson qui passait à la radio. Nous avons demandé à notre fille de chanter la chanson, et même si elle ne comprenait pas les paroles, nous pouvions comprendre ce qu'elle chantait. Aujourd'hui, ma fille étudie en anglais à l'université McGill à Montréal.

Q3 : Comment notre cerveau arrive-t-il à compartimenter les langues que nous maîtrisons bien et à conserver ces fragments qui ressurgissent à différents moments de notre vie ? Je vous remercie d'avoir partagé votre expérience et de nous avoir expliqué comment cinq langues peuvent coexister dans votre cerveau avec des niveaux de compétence différents. J'ai personnellement bien intégré le français et l'anglais, sans qu'ils se mélangent, mais il faut aussi que je prenne en compte l'espagnol, le russe et l'arabe. Il est intéressant de noter que lorsque je parle en français ou en anglais, je ne me trompe jamais, mais que quand j'essaye de parler russe, espagnol ou arabe, les autres langues s'immiscent.

J'ai en tête un exemple frappant où, lors d'un voyage en Égypte, j'essayais de former une phrase en arabe, mais soudainement, l'espagnol m'est revenu à l'esprit, alors que je ne me pensais plus capable de parler espagnol depuis 10 ans. Comment cela peut-il se produire ?

R : Je trouve votre commentaire très intéressant, merci de l'avoir partagé. Cela me donne l'occasion d'aborder un point que je n'ai pas eu l'opportunité d'expliquer auparavant.

Comme je l'ai mentionné précédemment, lorsque vous maîtrisez vraiment deux langues, elles se chevauchent tout simplement dans le cerveau. Cela a été confirmé par de nombreuses études. J'ai travaillé sur ce sujet avec des collègues italiens et nous avons observé la même configuration cérébrale pour la langue maternelle et la deuxième langue dominante. En revanche, lorsque vous maîtrisez moins bien une langue, non seulement elle ne recouvre pas autant la langue maternelle, mais les autres langues sont également plus éloignées les unes des autres que de la langue maternelle et de la deuxième langue forte.

Pour expliquer simplement, prenons l'exemple de l'espagnol et de l'italien. Ces deux langues appartiennent à la même famille linguistique et sont donc assez proches. Leur phonologie, les sons et la syntaxe sont similaires dans une certaine mesure, et elles peuvent s'aider mutuellement. En revanche, si l'on prend des langues très éloignées, comme le français et le persan, par exemple, on observe un phénomène différent. Certains mots ont la même étymologie et sont donc faciles à retrouver, tandis que d'autres mots ne sont pas apparentés mais signifient la même chose, comme « *papillon* » et « *mariposa* » en français et en espagnol. Enfin, il y a des mots qui sonnent de la même manière mais qui ont une signification différente. Ce sont les mots les plus difficiles à retrouver.

Par exemple, une doctorante iranienne m'a dit que « *souris* » signifie quelque chose comme un rein en farsi, ce qui peut entraîner des interférences avec le terme « *souris* » en français. Lorsque l'on a des langues très différentes dans son cerveau, c'est-à-dire une distance interlinguistique élevée, une des langues les plus proches peut s'immiscer dans une situation de communication où l'on utilise une langue faible. L'espagnol et l'arabe étant étroitement liés, vous avez donc vécu cette situation. J'ai juste une question : à cette époque, votre niveau d'arabe était-il aussi bon que votre niveau d'espagnol ?

Q3 : Ils sont tous les deux très faibles.

R : Votre cerveau tend à confondre des langues faibles entre elles, et les stocke de telle manière qu'en voulant parler une langue faible, une autre peut réapparaître à la place. Dans votre cas particulier, de nombreux mots espagnols ont des racines arabes, ce qui explique en partie cette confusion. Cette similarité s'étend même à des mots provenant d'époques différentes. Cependant, l'espagnol est en réalité une langue beaucoup plus proche du français, votre langue forte, que de l'arabe. Malgré cela, c'est bien l'arabe et l'espagnol que vous avez confondus.

Q4 : Bonjour, je m'appelle Gina et je suis orthophoniste. Depuis quelques années, beaucoup de programmes d'immersion en deux langues ont émergé. Tout le monde recommande d'envoyer ses enfants dans les écoles bilingues et que cela se traduira par de meilleures compétences cognitives. Je me demandais donc s'il y avait des études de recherche qui montrent que les enfants qui fréquentent ces écoles ont réellement de meilleures compétences cognitives.

R : Il n'existe pas de recherche spécifique sur les écoles bilingues en tant que telles, mais il existe des études sur les enfants bilingues en général. Bien sûr, si vous fréquentez une école bilingue, vous avez de bonnes chances de devenir bilingue. Les recherches se basent sur le fait que les enfants utilisent régulièrement deux langues, mais elles ne précisent pas si c'est grâce à une éducation bilingue, des parents bilingues, ou les deux. Les résultats les plus prometteurs concernent les enfants qui utilisent les deux langues au quotidien, et il est probable que les élèves des écoles bilingues aient plus de chances d'utiliser les deux langues tous les jours que les élèves des écoles unilingues.

Si vous êtes dans une école unilingue, vous pouvez toujours utiliser les deux langues à la maison, mais vous ne serez pas autant exposé à elles qu'en allant dans une école bilingue. En outre, si vous fréquentez une école bilingue et que vous apprenez non seulement les langues en cours de langue, mais également en cours d'art, de musique ou d'autres activités, les résultats correspondent aux études qui montrent que les avantages les plus importants du bilinguisme se trouvent dans un contexte naturel d'utilisation des langues.

Q5 : Je m'appelle Andrea et je viens du Venezuela. Je vis depuis vingt ans aux États-Unis. Est-ce que le bilinguisme peut faire augmenter la quantité de matière grise du cerveau ? Je me pose cette question en tant que personne dyslexique bilingue. Bien que j'aie entendu dire que le bilinguisme peut entraîner une augmentation de la substance grise, je me demande si cette augmentation est annulée par mon infirmité. Est-ce que les bénéfices du bilinguisme sont diminués par ma dyslexie ?

R : C'est une question très intéressante. Bien qu'il n'y ait pas de recherche spécifique sur les avantages potentiels du bilinguisme pour les personnes dyslexiques, je peux vous parler de handicaps similaires. Par exemple, je suis spécialisé dans l'aphasie, qui se réfère à la perte des compétences linguistiques à la suite d'un accident vasculaire cérébral, d'une lésion cérébrale traumatique ou dans le contexte de la démence.

Nous avons constaté que les bilingues se rétablissent mieux que les monolingues après avoir été touchés par l'aphasie, grâce à leur réserve cognitive plus élevée, leur fonction exécutive améliorée et leur capacité à mieux sélectionner. Cependant, si la lésion affecte le circuit de contrôle exécutif, cela peut causer des problèmes.

Q5 : Oui, je pense que dans mon cas, ma langue seconde, l'anglais, a considérablement aidé ma dyslexie.

R : Pouvez-vous expliquer comment ? Je suis intéressée.

Q5 : Il semble que la lecture en espagnol soit davantage basée sur la phonétique, où les mots et les voyelles sont liés pour produire des sons. Même sans comprendre le sens, on peut réussir à lire. En revanche, pour l'anglais, j'ai inscrit ma fille de six ans dans une école bilingue, et j'ai constaté que la façon dont elle apprend à lire en anglais est différente, car cette langue n'est pas phonétique, mais plutôt globale. Elle apprend à reconnaître visuellement les mots et à en comprendre le son. Pour ma part, je ne dirais pas que ma lecture de l'espagnol est maintenant parfaite, mais j'ai remarqué des avantages, notamment pour ma dyslexie. Lorsque je lis à haute voix, j'ai l'impression que ça coule mieux, car je suis capable de saisir certains mots et de m'inspirer des deux méthodes de lecture.

R : Merci pour votre commentaire, permettez-moi de clarifier certains points. En effet, l'espagnol est une langue phonétique, ce qui signifie que chaque lettre est généralement prononcée de la même manière à chaque fois. Cependant, cela ne signifie pas que les locuteurs natifs lisent nécessairement en convertissant les lettres en sons. Ils peuvent également lire de manière globale, en reconnaissant rapidement les mots familiers ou les groupes de lettres courants. De même, bien que l'anglais soit souvent considéré comme une langue globale en raison de la fréquence des mots irréguliers, les apprenants peuvent encore utiliser la conversion graphème-phonème pour déchiffrer les mots inconnus. En fin de compte, la façon dont nous lisons dépend de nombreux facteurs, tels que notre expérience de lecture, notre maîtrise de la langue et notre traitement visuel et auditif.

Q5 : Exactement, je lis mieux en anglais qu'en espagnol.

R : Parce que vous ne vous appuyez pas sur votre déficit, vous le contournez en appliquant la lecture globale.

Q5 : Donc, ma substance grise serait un pourcentage des deux.

R : Je devrais étudier votre cerveau pour vous répondre.

Q5 : Merci beaucoup.

R : Je vous en prie.

Q6 : J'ai grandi en apprenant l'arabe libanais que je parle couramment, mais je ne peux ni lire ni écrire l'arabe. Je me demande si les avantages sont les mêmes pour une personne qui parle couramment une langue mais ne peut pas lire ou écrire dans celle-ci.

R : La plupart des études se sont focalisées sur la compétence linguistique orale et non pas sur la lecture ou l'écriture, donc il est probable que vous bénéficiez des avantages du bilinguisme même si vous ne pouvez pas écrire ou lire en arabe. Cependant, il reste encore beaucoup de questions en suspens, car le système d'écriture de l'arabe est très différent de celui des autres langues et nécessite des compétences cognitives spécifiques.

Q6 : Ce sont des langues différentes.

R : Oui, complètement.

Q6 : La langue écrite est…

R : … complètement différente, oui. Ladan, mon étudiante perse, m'a expliqué le fonctionnement et cela m'a semblé si difficile ; c'est comme si cela demandait d'ouvrir une nouvelle fenêtre dans le cerveau afin de l'apprendre. C'est la même chose pour le grec qui a aussi un alphabet différent. Pour répondre à votre question, nous ne nous sommes pas concentrés sur cela, mais avons étudié le fait de parler les langues de façon générale et les avantages sont bien là.

FJ : Merci beaucoup, Professeure Ansaldo. Pour ceux qui souhaitent en savoir plus sur ce sujet, je recommande d'écouter le podcast *La Révolution bilingue* lancé par *French Morning*, où vous pouvez entendre la professeure Ansaldo être interviewée en français. Merci à vous.

Deux conversations avec Ofelia García

Ofelia García est une chercheuse de renom international spécialisée dans l'éducation plurilingue, avec une carrière riche en expériences pratiques et en travaux de recherche. Elle est actuellement professeure émérite dans le programme de doctorat d'éducation urbaine et de cultures latino-américaines, ibériques et latines au Graduate Center de la City University de New York. Elle a aussi enseigné l'éducation bilingue au Teachers College de l'Université Columbia, a occupé le poste de doyenne de la faculté des sciences de l'éducation à l'Université de Long Island et a été professeure d'éducation au City College de New York. Elle a également occupé le poste de rédactrice en chef de la revue *International Journal of Sociology of Language* et a été co-rédactrice de la revue *Language Policy*.

Sa recherche sur le bilinguisme et l'éducation des bilingues est basée sur son expérience de vie à New York après avoir quitté Cuba à l'âge de 11 ans. Elle a enseigné aux étudiants bilingues de langue minoritaire, formé des professeurs d'anglais et d'espagnol bilingues, travaillé avec des doctorants et mené des recherches sur ces sujets. En reconnaissance de ses contributions, Ofelia García a reçu de nombreux prix, dont un doctorat honorifique en lettres humaines de la Bank Street Graduate School of Education en 2016, le prix Charles Ferguson en linguistique appliquée du Centre de linguistique appliquée (CAL) et un prix d'honneur pour l'ensemble de la carrière de l'Association américaine de recherche en éducation (AERA) en 2017. En 2018, elle a été nommée à l'Académie nationale de l'éducation et a reçu le prix d'excellence en mentorat du Graduate Center.

En fouillant dans mes affaires, j'ai eu la surprise de trouver un certificat datant de 1999, qui attestait ma participation au Symposium international sur le bilinguisme et l'alphabétisation par la scolarisation, organisé par la professeure Ofelia García à l'Université de Long Island à New York. À l'époque, j'étais responsable des collèges et lycées de l'École Bilingue de Cambridge dans le Massachusetts, qui s'appelle aujourd'hui l'École Internationale de Boston. Ce symposium était pour moi l'occasion de souffler après un semestre intense, tout en me connectant à une communauté de chercheurs et de professionnels de l'éducation bilingue venus du monde entier.

J'étais très enthousiaste à l'idée de participer à cet événement et d'apprendre auprès des meilleurs. Ce symposium m'a non seulement permis de recharger mes batteries et de trouver l'inspiration, mais il m'a aussi transformé. Depuis cette expérience, j'ai eu le plaisir de rencontrer Ofelia à de nombreuses reprises dans différents contextes.

Ofelia García est toujours disposée à aider, participer et guider les autres. Elle est très généreuse lorsqu'il s'agit de mettre en lumière des aspects spécifiques qui peuvent faire fonctionner un projet. Née à Cuba, elle est arrivée aux États-Unis lorsqu'elle était encore une jeune fille, ce qui a défini son approche du bilinguisme et l'a amenée à enseigner aux élèves de langues minoritaires, former des professeurs d'anglais et d'espagnol, travailler en étroite collaboration avec des doctorants et mener des recherches. En plus de cela, Ofelia a également été professeure exemplaire, comme je l'explique plus haut. Vous pouvez donc constater qu'elle a toutes les cartes en main pour exceller dans son domaine.

Ofelia défend particulièrement le concept du « *translanguaging* », qui explore la dynamique entre les langues maîtrisées par une personne bilingue. Selon cette approche, le bilinguisme ne se résume pas à l'addition de deux langues qui évolueraient séparément dans le cerveau.

Dans ces conversations, elle approfondit donc ce concept de « *translanguaging* » et explore ensuite l'histoire et les succès des programmes bilingues à New York.

Éducation bilingue et translangage

Le podcast de la Révolution bilingue, épisode 6 : Le bilinguisme est plus que l'addition de deux langues
Remarque : les intervenants sont appelés « FJ » (Fabrice Jaumont), « OG » (Ofelia García).

FJ : Pourriez-vous vous présenter brièvement ?

OG : Je suis Ofelia García, professeure d'éducation bilingue à l'école doctorale de l'Université de la Ville de New York, ayant auparavant enseigné au Teachers College de l'Université de Columbia et été doyenne de l'Université de Long Island en éducation.

FJ : Pourriez-vous nous expliquer ce qu'est l'éducation bilingue, notamment aux États-Unis ?

OG : Avant de parler de l'éducation bilingue aux États-Unis, il est important de comprendre qu'il s'agit d'un modèle éducatif qui implique l'utilisation de deux langues. Cependant, il peut également concerner plus de deux langues et vise à former des élèves bilingues, voire plurilingues. Ce type d'éducation permet aux apprenants de comprendre la diversité linguistique et culturelle du monde, tout en leur permettant de communiquer avec des personnes de différentes langues, comme je le fais aujourd'hui en français avec Fabrice Jaumont et d'autres francophones.

FJ : Et vous êtes bilingue ?

OG : Chez moi, je parle espagnol et anglais. Je suis née à Cuba, mais j'habite aux États-Unis depuis l'âge de onze ans, ce qui fait que l'anglais et l'espagnol sont mes deux langues principales. Cependant, je lis aussi beaucoup en français, surtout de la littérature latino-américaine qui est très influencée par les auteurs français. Bien que je ne parle pas couramment le français, je suis capable de communiquer avec d'autres personnes dans cette langue. Pour moi, les langues sont un moyen de mieux se connaître et de comprendre la diversité du monde.

FJ : À votre arrivée aux États-Unis, vous parliez donc peu l'anglais ?

OG : En effet, je ne parlais pas du tout anglais. Mes premiers souvenirs de compréhension de la langue anglaise étaient négatifs, lorsque j'ai entendu une personne me décrire comme « juste une stupide fille cubaine ». Cela m'a fait réaliser l'importance de ne pas juger les personnes qui ne parlent pas sa propre langue, et que cela n'a rien à voir avec leur intelligence ou leur compétence. J'ai alors commencé à apprendre l'anglais et j'ai compris l'importance de l'éducation bilingue pour permettre à tous de s'exprimer et de communiquer avec les autres, peu importe leur langue maternelle.

FJ : L'éducatrice a dit que vous étiez stupide parce que vous ne parliez pas la langue ?

OG : Non, ce n'était pas l'éducatrice, mais plutôt une camarade de classe qui parlait avec elle. Elle était également bilingue.

FJ : Pensez-vous que ce type de jugement persiste aujourd'hui ?

OG : Je pense que ce type de jugement est encore très répandu. Il est important que tout le monde comprenne qu'il est essentiel de développer une compétence multilingue pour pouvoir communiquer avec différentes personnes. Lorsqu'on manque de certains mots, comme c'est le cas pour moi en français, cela ne reflète pas notre intelligence ou notre capacité mentale. Il y a une différence entre la compétence linguistique et la compétence intellectuelle ; ce sont deux choses distinctes.

FJ : Cet épisode de votre vie a-t-il exercé une influence sur vous ?

OG : Cet épisode a eu une influence considérable sur moi car j'ai fait toutes mes études ici aux États-Unis, dans un contexte bilingue où les langues s'influencent mutuellement.

Je me souviens notamment de mes premières études de grammaire espagnole à l'université. Mon professeur était espagnol et considérait que la norme de l'espagnol était celle d'Espagne, sans tenir compte des particularités de l'espagnol parlé aux États-Unis ou même en Amérique latine. Un jour, elle m'a corrigée en me disant que l'expression que j'avais utilisée n'existait pas en espagnol, mais je savais qu'elle était couramment utilisée dans ma communauté.

Cela m'a montré qu'il était important d'être flexible avec les bilinguismes pour préserver, développer et maintenir une langue, surtout dans un contexte bilingue où les deux langues interagissent constamment. La langue fait partie des relations humaines et l'utilisation de deux langues en même temps implique nécessairement une influence réciproque.

FJ : Donc, quelle est la flexibilité dont nous avons besoin dans le contexte de l'éducation bilingue ? Celle des institutions ?

OG : Je pense que les enseignants doivent être flexibles, qu'ils doivent comprendre l'importance d'encourager les élèves à parler, à exprimer leurs idées et leurs émotions, à lire, à écrire et à partager. C'est ce qui est le plus important. Si nous avons l'habitude de parler, nous acquerrons naturellement des règles grammaticales, mais nous ne pouvons pas commencer par les règles. Nous devons commencer par les émotions et les idées que nous voulons partager. C'est cela qui constitue la base d'une langue. Une langue est une chose vivante, ce n'est pas quelque chose de passif et ce n'est pas seulement de la grammaire. La grammaire peut aider à comprendre une langue, mais ce n'est pas la langue elle-même.

FJ : Donc, vous préconisez de commencer par offrir aux élèves des opportunités de pratiquer la langue avant de se concentrer sur les règles et les conventions linguistiques.

OG : Oui, en effet. Je pense qu'il est crucial que les enseignants comprennent que la langue est avant tout une chose vivante qui sert à communiquer et à partager des émotions et des idées. La grammaire et les règles sont importantes, bien sûr, mais elles ne devraient pas être le point de départ de l'apprentissage de la langue.

Les élèves doivent d'abord avoir l'occasion de pratiquer la langue et de s'exprimer, et c'est là que le rôle des enseignants est crucial. Je crois que nous devons revoir la formation des enseignants, même ceux qui se spécialisent dans les langues les plus importantes. Nous devons également comprendre que la langue est un texte qu'il faut d'abord écrire avant de pouvoir l'éditer, et que nous ne pouvons pas éditer une page blanche.

FJ : Et comment avez-vous développé vos recherches sur l'éducation bilingue ?

OG : Eh bien ; j'ai commencé à étudier la sociolinguistique : comment les langues fonctionnent dans le monde.

FJ : Vous avez commencé avec la sociolinguistique.

OG : Oui, c'est ça. J'ai étudié avec Joshua Fishman, qui était un véritable père de la sociolinguistique. J'ai commencé à étudier comment les langues fonctionnent dans le monde et la société, mais j'avais toujours un intérêt pour l'éducation bilingue parce que c'est ainsi que j'ai commencé à enseigner quand j'étais jeune à New York. Il y avait beaucoup d'étudiants venant de Porto Rico et on m'a confié une classe.

Mes élèves étaient portoricains et ne parlaient pas anglais, alors je leur parlais en espagnol, même si on me disait de leur enseigner en anglais. Après une semaine ou deux (j'étais très jeune), j'ai commencé à remarquer que les choses ne fonctionnaient pas, qu'il fallait faire autre chose. *J'ai une langue en commun avec eux, cela devrait être plus facile. Je peux le faire en espagnol car de cette façon ils me comprendront. Ensuite, nous pouvons faire quelque chose en anglais*, je pensais.

Alors, j'ai dit au directeur de l'école : « Je vais faire quelque chose de différent, je vais le faire de manière bilingue ». Il m'a demandé : « Qu'est-ce que cela signifie ? » et j'ai répondu : « Je ne sais pas, mais je vais essayer quand même ». C'est pourquoi je dis toujours que j'ai commencé l'éducation bilingue avant qu'elle n'existe aux États-Unis. Je veux dire l'éducation bilingue formelle. Ensuite, j'ai commencé à étudier avec Joshua Fishman. À mon avis, l'école est la situation la plus complexe pour le bilinguisme car les familles ont une véritable responsabilité si elles veulent maintenir et développer les langues à la maison. Néanmoins, je pense que l'école est essentielle. Même si elle est monolingue, car il y a beaucoup d'élèves qui parlent d'autres langues à la maison, et nous devons leur dire que c'est un avantage ; que c'est crucial pour eux, qu'il y a beaucoup d'avantages à être bilingue. Je pense que c'est très important pour les enseignants aussi.

Pour moi, l'école est l'endroit où tout se passe en ce qui concerne la langue, car, comme vous le savez, l'école est ancrée dans des textes écrits destinés à développer la langue écrite, les normes et les conventions linguistiques. Si l'école modifie l'idéologie, les notions que les élèves et les enseignants ont de la langue, nous pouvons faire quelque chose de différent dans le monde. Mais si l'école ne change pas, nous ne pouvons rien changer.

C'est pourquoi je suis dévouée à l'éducation bilingue en tant que sociolinguiste. Maintenant, je pense que ce que j'ai étudié sur le bilinguisme quand j'étais jeune était valable à cette époque, mais ce n'est plus valable pour le monde dans lequel nous vivons maintenant. Nous vivons dans un monde très dynamique, où il y a beaucoup de personnes, d'idées, de mouvements et de produits. Nous devons faire quelque chose de différent avec le bilinguisme.

Quand j'étais jeune, deux chercheurs se sont concentrés sur le bilinguisme, ils étaient très importants : Weinreich et Haugen. Cependant, je pense que leurs idées sur le bilinguisme mènent à la notion de monolinguisme. Cela signifie qu'ils voyaient le bilingue comme un double monolingue. Et c'était bien de le dire à cette époque, mais pas dans la situation actuelle, pas maintenant. C'est pourquoi j'ai commencé à penser que le bilinguisme devrait être considéré différemment, comme le dit Christine Hélot. Pour penser au bilinguisme d'un point de vue bilingue, nous devons également reconnaître les influences dynamiques des langues, c'est ainsi que je suis arrivée au concept de *translanguaging*.

Je n'ai pas inventé ce terme, il a été inventé au Pays de Galles, et c'était un enseignant, Cen Williams, qui a commencé à en parler parce qu'il disait que, pour maintenir le gallois, et aussi maintenir l'anglais au Pays de Galles, il était nécessaire d'utiliser les deux langues de manière complémentaire et non séparément, puisqu'il est également nécessaire de développer une identité bilingue, et non pas simplement une identité en anglais et une identité en gallois. C'est pourquoi il a inventé le terme de *translanguaging*, qui a été traduit en anglais par Colin Baker.

FJ : Vous connaissez la version française ?

OG : C'est intéressant car on me demande souvent comment traduire cela en espagnol et l'académie l'a traduit par « *translingual* ». En français, on peut dire « *translangage* ». Cependant, je le dis toujours en anglais car il est important de montrer que ceux d'entre nous qui sont bilingues ou multilingues pratiquent toujours ce translanguaging. Vous êtes en train de voir mon translanguaging maintenant, mais souvent, les gens ne s'en rendent pas compte.

Par exemple, lorsque je parle espagnol ou anglais en public sans que les gens sachent que je suis bilingue, ils ne voient pas mon translanguaging. Pourtant, il est toujours présent. Il est donc important de le faire comprendre aux élèves lorsqu'ils doivent travailler dans une seule langue. En même temps, il est crucial de reconnaître qu'ils ont un répertoire linguistique qui est unitaire et qu'ils utilisent par nécessité. Dans un contexte bilingue, il est rarement nécessaire de sélectionner exclusivement des éléments anglais ou français. C'est pourquoi on peut entendre ce qui peut sembler être un mélange, mais attention, ce n'en est pas un ! Dans un contexte bilingue, il n'est pas nécessaire de faire de sélection.

Au cours des dix dernières années, j'ai commencé à étudier ce phénomène de translanguaging bilingue dans l'éducation, car le translanguaging peut être pratiqué aussi bien dans l'éducation monolingue que bilingue. C'est une façon d'avoir une éducation plurilingue, car on reconnaît que même les élèves qui parlent le français, par exemple aux États-Unis, parlent aussi d'autres langues. On reconnaît également que même les élèves qui apprennent le français sont plus que de simples francophones ; chez eux, ils parlent aussi l'arabe, l'espagnol et d'autres langues. Enfin, on reconnaît que ce phénomène est plus complexe que de connaître uniquement les langues d'enseignement.

FJ : Cela peut être considéré comme une façon tolérante d'enseigner ; permettre le mélange des langues et l'utilisation de *franglais* ou de *spanglish*, qui sont des troisièmes langues pour les francophones qui cherchent à parler anglais. C'est un véritable mélange des deux.

OG : Je n'aime pas les termes *franglais* ou *spanglish*, car ils sont stigmatisés et je pense qu'il faut changer cette perception. Je ne dis pas que c'est la seule façon de parler. Pour ma part, il est difficile de parler français et ce serait mieux si je n'avais pas à faire cet effort. Mais il faut comprendre que pour avoir un niveau de français qui ne montre pas de traces d'espagnol ou d'anglais, il faut offrir des opportunités et cela change la donne.

Plutôt que de dire que les élèves ne parlent pas telle ou telle langue, il faut penser aux opportunités que les enseignants peuvent leur offrir pour développer ces compétences. Il est important de comprendre que le *translanguaging* est une façon de commencer avant d'étendre ses compétences linguistiques. Si on commence par la norme et sans flexibilité, les élèves bilingues risquent de perdre confiance en eux et de ne plus vouloir parler. La langue n'est pas un objet de musée ; elle doit être utilisée.

Les élèves d'une école bilingue français-anglais utiliseront le français aux États-Unis. Les jeunes francophones aux États-Unis ne peuvent pas avoir la même attitude que les Français en France, car ils parlent toujours dans un contexte bilingue. Cela ne signifie pas qu'ils ne pourront pas parler français sans influence de l'anglais quand ils seront plus âgés. Mais tant qu'ils sont à l'école, il est nécessaire d'être flexible, sinon ils ne voudront pas parler et se développer, et cela signifierait la mort d'une langue.

FJ : C'est un rejet de la langue.

OG : Oui, c'est ça.

FJ : Et que pensez-vous des parents qui ne veulent pas parler la langue de leur pays d'origine à leurs enfants ?

OG : Je pense que c'est dommage car c'est une opportunité manquée. Connaître d'autres langues est un avantage considérable sur le plan cognitif et socio-économique, en particulier dans un monde de plus en plus globalisé.

Il y a tellement d'opportunités pour travailler, voyager et rencontrer des gens dans d'autres pays. Je crois que le bilinguisme et le plurilinguisme sont des avantages importants pour la vie et c'est vraiment dommage que certains parents ne le voient pas et ne donnent pas cette opportunité à leurs enfants.

FJ : Pourquoi pensez-vous que certains parents refusent de parler la langue de la maison à leurs enfants ?

OG : Je pense que c'est en partie dû à l'idée que les États-Unis veulent « Make America Great Again » et se perçoivent comme isolés du reste du monde, alors qu'en réalité, nous sommes peut-être la nation la plus globalisée. De plus, il y a eu une stigmatisation des personnes bilingues, même en France. Mais cela change progressivement, en particulier avec l'espagnol qui est maintenant considéré comme une langue économiquement importante en raison du pouvoir d'achat des hispanophones.

   La mondialisation permet également un changement d'attitudes envers les langues. Par exemple, il est maintenant possible d'ouvrir des écoles publiques bilingues français-anglais à New York et de voir des Américains de tous horizons être intéressés. Cela montre que de plus en plus de personnes commencent à comprendre que le bilinguisme est un avantage.

FJ : Même chez les anglophones monolingues, ils peuvent se rendre compte de l'importance du bilinguisme chez leurs enfants ?

OG : Absolument, car à New York, on entend constamment des langues autres que l'anglais. Que ce soit dans le travail ou dans la vie quotidienne, on est souvent en contact avec des personnes qui parlent d'autres langues. Les gens ne peuvent pas ignorer l'importance de connaître d'autres langues, même s'ils sont monolingues anglophones.

FJ : Je vous remercie, Ofelia García, d'avoir partagé vos réflexions avec nous aujourd'hui.

OG : Je vous remercie également, Fabrice Jaumont, de m'avoir offert cette opportunité de m'exprimer en français. C'était un grand plaisir, merci infiniment.

Programmes bilingues à New York

Conversation autour du livre La révolution bilingue, le 14 juin 2016
Remarque : les intervenants sont appelés « FJ » (Fabrice Jaumont), « OG »
(Ofelia García).

Le travail d'Ofelia García se concentre principalement sur l'analyse de l'histoire de l'enseignement bilingue à New York pour mieux comprendre les tensions existantes et les résoudre en redéfinissant la politique d'enseignement bilingue. Par le passé, les programmes éducatifs bilingues étaient conçus comme des programmes de rattrapage, où l'objectif principal était de maintenir l'espagnol tout en développant l'anglais.

La professeure García soutient ici l'idée d'une nouvelle conception de l'allocation linguistique qui met en avant la diversité linguistique des élèves dans les écoles bilingues et promeut l'existence de programmes d'enrichissement linguistique qui vont au-delà des deux langues principales pour autonomiser les communautés.

Lorsque j'ai contacté Ofelia pour discuter de mes premières idées pour le livre *The Bilingual Revolution*, elle a généreusement accepté de me guider et de partager ses points de vue avec moi au cours d'une discussion franche.

FJ : Il y a un désaccord entre les autorités scolaires et les parents. Il est difficile de trouver un terrain d'entente entre les deux. Les apprenants de l'anglais dominent le discours des autorités, même si elles prétendent que l'éducation bilingue s'adresse à tous les élèves. En réalité, cela ne s'applique qu'aux enfants qui apprennent l'anglais. On n'entend jamais parler des autres élèves. Comment peut-on trouver un compromis entre les deux ?

OG : Les autorités scolaires ne sont pas d'accord avec mes méthodes non plus. Ils ont une vision dépassée de ce que cela devrait être. On m'a même interdit de participer aux nouveaux programmes bilingues qu'ils ont créés dans la ville. Mais j'ai finalement décidé de leur proposer mon aide d'une autre manière. Ce matin, j'ai commencé à écrire un court chapitre pour Cal sur les programmes bilingues à New York.

Au départ, je ne voulais pas y participer car je savais que je serais la voix critique, mais j'ai été convaincue de le faire et certains de mes collègues ont rejoint le projet. Dans ce chapitre, je retracerai l'histoire de l'éducation bilingue à New York pour mieux comprendre les points de tension. Il est évident que l'éducation bilingue à New York a débuté dans un contexte différent. À cette époque, la ville était principalement portoricaine et la communauté souhaitait un programme de maintenance pour le développement plutôt qu'un programme de transition bilingue. Les autorités scolaires ont négocié un décret de consentement, qui était la seule chose qu'elles pouvaient obtenir dans un contexte très politique.

Depuis le début, il y a eu une tension entre ce que les communautés voulaient et ce que les autorités scolaires étaient disposées à leur donner. Les programmes mis en place n'étaient plus pertinents pour cette communauté bilingue, car ils étaient devenus anglophones et n'étaient donc pas admissibles aux programmes. Il y a une tension entre les deux mondes, et les autorités scolaires ont une vision limitée de l'éducation bilingue, qui ne prend pas en compte l'ensemble du continuum bilingue de la communauté.

Dans les décennies 70, 80 et 90, les programmes bilingues n'étaient pas encore bien définis, ni vraiment considérés comme des programmes de transition. Les enfants étaient scolarisés dans des programmes bilingues transitoires de sortie tardive jusqu'en 6ème année.

Cependant, au cours des années 80, avec l'élection de Reagan et le mouvement exclusivement anglais, la situation a commencé à changer. Dans les années 90, les programmes bilingues étaient en mauvais état, les enfants étaient séparés et souvent situés dans des sous-sols.

Heureusement, il y avait quelques visionnaires à l'époque, comme Sid Morrison, le directeur de l'école PS 84, qui maintenant abrite un programme en français. Sid Morrison était un éducateur progressiste qui a vu que les programmes existants ne fonctionnaient plus pour une communauté qui était devenue multilingue. Il a décidé de changer cela en créant un programme d'enrichissement qui serait adapté à tous ceux qui voulaient y participer. Pour se démarquer des programmes de transition bilingues, il a choisi l'étiquette de « bilinguisme » qui commençait à gagner du terrain dans le pays. Le mouvement de l'enseignement bilingue a évolué au fil du temps et a été façonné par différents courants. Dans les années 1970, 1980 et 1990, les programmes bilingues étaient donc mal définis et étaient principalement conçus comme des programmes de transition pour les enfants hispanophones.

Cependant, à la fin des années 1990, les programmes se sont détériorés et New Visions a contribué à leur renouveau en finançant et en soutenant la création de quatre écoles bilingues. Deux de ces écoles ont été créées par des organisations communautaires pour répondre aux besoins de leurs enfants. Ces écoles sont conçues comme des programmes d'enrichissement plutôt que des programmes de rattrapage et sont dirigées par des membres de la communauté. Elles ont des liens étroits avec les associations communautaires et proposent des programmes extra-scolaires.

Ces modèles existent toujours aujourd'hui et ont été très influents dans la définition de l'enseignement bilingue à New York. Les tensions actuelles résultent souvent du fait que les programmes bilingues sont conçus pour les enfants apprenant l'anglais et ne répondent pas toujours aux besoins de toutes les communautés linguistiques présentes dans les écoles.

FJ : Mais ces écoles bilingues ne sont pas censées enseigner l'anglais comme langue seconde, n'est-ce pas ?

OG : Non, elles accueillent tous les enfants. Les quatre écoles que j'ai mentionnées sont similaires à cet égard. Ensuite, il y a Amistad à Washington Heights, qui a été créée dans un contexte différent. Le quartier a connu un changement rapide et les enfants ont pu se mélanger plus facilement.

Les deux premières écoles dont j'ai parlé sont principalement latino-américaines, avec des programmes adaptés à la communauté. Ensuite, il y a l'école chinoise Shuang Wen.

Au début, les cours jusqu'à 15 heures étaient enseignés en anglais, puis de 15 heures à 17h30, il y avait une composante chinoise. Il me semble que leurs enseignants étaient payés par Taiwan à l'époque. Tous ces programmes ont adopté le terme « bi-langue » pour se différencier des programmes de transition.

Puis Bloomberg a été élu maire. Il a fermé de nombreuses écoles bilingues car il n'y avait pas assez d'enfants pour les remplir. Lorsque les écoles étaient très grandes, elles étaient tenues de proposer des programmes d'éducation bilingue, mais   si elles étaient très petites, cela n'était plus obligatoire. Bien que certaines personnes attribuent la croissance des programmes bilingues à Bloomberg, la réalité est que leur croissance a été très faible pendant son mandat. Les programmes d'ESL (anglais comme langue seconde) ont connu une grande croissance pour les enfants apprenant l'anglais, alors que les programmes bilingues ont pratiquement cessé d'exister sous la direction de Bloomberg. En 2014, seuls 4% des enfants suivaient des programmes bilingues.

La nouvelle administration a essayé de remédier à cela, mais n'a pas compris que la ville avait beaucoup changé et était devenue très diverse. Les écoles zonées comme PS 87, qui proposent des programmes bilingues mais n'ont pas assez d'enfants ESL, sont ignorées par les autorités scolaires, ce qui est une erreur.

Bien que le bilinguisme ait grandi et se soit étendu dans la ville, la focalisation sur les enfants qui apprennent l'anglais ne reflète pas la réalité de la diversité linguistique. Cela crée des tensions dans le système éducatif.

FJ : J'ai entendu la même histoire avec certains programmes français et italien. Ils ne sont pas considérés comme des programmes bilingues, car ils n'enseignent pas l'anglais. C'est regrettable que la définition ne prenne pas en compte ces programmes qui ont des retombées positives. Ils transforment les écoles, responsabilisent les communautés, créent des liens, etc. C'est quelque chose que la ville ne prend pas en compte. D'autres États appliquent un modèle différent, presque à l'échelle industrielle, comme en Utah. Ils développent des programmes bilingues, mais cette fois-ci comme moyen de créer une citoyenneté plurilingue. On n'entend jamais parler de ce type de programmes à New York.

OG : C'est là que les programmes bilingues de la ville doivent changer. La philosophie des programmes d'origine consistait à maintenir l'espagnol et à développer l'anglais. Je ne crois pas que l'une de ces langues puisse être isolée.

Il faut reconnaître la diversité linguistique qui existe dans tous les programmes bilingues parmi les enfants et aller au-delà des deux langues principales. Je parle des programmes bilingues en espagnol, dans lesquels l'enseignant ne parle qu'espagnol et anglais. Dans la composante anglaise, les élèves « natifs » parlent l'arabe, l'ourdou, toutes sortes de langues, mais l'enseignant n'en a aucune idée.

Dans la composante espagnole, les enfants viennent de cultures et de pays très différents, mais l'enseignant n'en est pas conscient. Deuxièmement, il y a beaucoup d'élèves qui parlent quechua ou mixtèque... Je pense que c'est quelque chose que nous devons réintroduire dans les programmes bilingues. Ce ne peut pas être simplement double, cela doit être plus que cela.

FJ : Avez-vous entendu parler de cette pratique où les écoles divisent une classe avec une ligne blanche au milieu ?

OG : J'ai entendu dire qu'il a été demandé aux écoles de le faire. C'est une pratique venant de l'idée selon laquelle, afin d'avoir une communauté bilingue stable, il faut avoir un arrangement diglossique, ce qui signifie qu'une langue est utilisée pour certains aspects et l'autre pour d'autres fonctions. Cependant, cette pratique n'est plus adaptée au monde globalisé dans lequel nous vivons, car les enfants doivent pouvoir utiliser les deux langues sans restriction.

Il doit y avoir un espace pour utiliser le langage, car les enfants doivent avoir les moyens financiers nécessaires pour l'utiliser. Je pense que nous devons créer une certaine flexibilité dans les politiques d'allocation linguistique afin que les enfants puissent comprendre leur propre répertoire bilingue. Je suis allée dans une de vos écoles où un enfant me disait à propos d'une camarade « Elle est anglophone et je suis francophone. » J'ai alors demandé : « Est-ce tu peux devenir francophone ? » Il a dit : « Non, je suis anglophone. » Puis j'ai répondu :« Est-elle devenue anglophone ? » Il a répondu : « Non, elle est francophone. »

C'est ridicule. Il est crucial que ces enfants vivant aux États-Unis développent une identité bilingue ou plurilingue qui intègre des aspects de la francophonie ainsi que leur identité anglophone ou américaine, car ils vont devenir des citoyens du monde. Ces aspects doivent être fusionnés d'une manière ou d'une autre. Je suis convaincue que vous constatez une différence entre vous et vos enfants. Je pense que les gens me comprennent mal quand je parle de l'importance d'un espace. Je viens de mentionner la nécessité de repenser la politique d'allocation linguistique.

Pour moi, cette politique doit inclure deux espaces distincts : un dans lequel les enfants interagissent dans une langue et un autre dans lequel ils interagissent dans l'autre langue.

Par exemple, il y a une école (Cypress Hills) qui change de langue d'enseignement toutes les semaines. Il n'est pas possible d'attendre qu'un enfant comprenne l'espagnol ou l'anglais s'il ne bénéficie pas d'une structure ou d'un soutien. C'est là que la flexibilité est nécessaire. Nous ne pouvons pas permettre à un enfant de ne rien comprendre pendant une semaine entière, c'est insensé ! Nous devons créer un espace où il puisse pratiquer et produire dans cette langue. Il y a une différence entre le processus et le produit.

Le processus est ce que nous apportons à tout ce que nous faisons, y compris toutes les caractéristiques de notre répertoire bilingue. Parfois, nous devons produire dans une langue et parfois dans une autre langue. Il y a une distinction à faire, et c'est exactement le problème avec une ligne blanche entre les deux langues, cela n'a aucun sens.

FJ : Angelica Infante (Commissaire à l'enseignement primaire et secondaire du Rhode Island) m'a raconté l'histoire de la ligne blanche qu'elle a observée dans certaines écoles, pas seulement à New York.

Quand je lui ai posé des questions sur l'éducation bilingue et sur les apprenants de l'anglais, elle a répondu : « Non, l'éducation bilingue est pour tout le monde. C'est ce que j'observe, c'est ce que nous voyons au ministère de l'Éducation de l'État de New York, c'est la façon dont les commissaires voient les choses et c'est aussi ce que Washington voit. » Pourquoi alors ce problème persiste-t-il ? Pourquoi existe-t-il encore ce grand fossé ? Les parents ne comprennent pas non plus pourquoi il y a une telle fracture.

OG : Je vais vous dire pourquoi. Les parents de ces classes sont souvent beaucoup plus linguistiquement sophistiqués que les Américains moyens. Pour un Pakistanais, par exemple, parler trois langues différentes est normal et la ligne blanche n'a pas de sens.

Nous avons commencé avec une idéologie très monolingue et monoglossique, mais le bilinguisme est beaucoup plus fluide, c'est un continuum et non une chose ou une autre. Même la distinction entre « ceci et cela » est artificielle.

Les structures qui séparent les apprenants de l'anglais des anglophones sont complètement artificielles et ont changé au fil des ans. Nous avons collé une étiquette à chaque enfant, entre apprenant de l'anglais et anglophone, sans réaliser que l'on peut être l'un ou l'autre selon les différentes tâches. J'ai commencé à parler de bilingues émergents pour éviter de se focaliser uniquement sur l'apprentissage de l'anglais.

FJ : J'aimerais vraiment que ce soit une approche ascendante, avec les parents au premier plan. Lorsqu'ils sont bien organisés, ils ont le pouvoir de changer les mentalités, d'influencer les politiques, de changer les communautés, les écoles, etc. Quels sont les conseils et les recommandations que vous donnez habituellement aux parents ?

OG : En général, je parle du cadeau que peut représenter le bilinguisme et le plurilinguisme pour les enfants, et de l'importance du rôle des parents dans ce processus. Beaucoup de parents, surtout ceux qui viennent d'immigrer récemment, ont tendance à vouloir que leur enfant parle l'anglais avant tout. Mais il est essentiel de les rassurer sur la valeur de leur langue maternelle et de les encourager à l'utiliser à la maison. Je viens de participer à une conférence internationale sur l'éducation bilingue au Pays de Galles, où j'ai donné une conférence en l'honneur de Colin Baker. J'ai pu y rencontrer des gens du monde entier qui pratiquent l'éducation bilingue en raison de l'importance de l'anglais.

En Andalousie, par exemple, 40% des écoles sont désormais bilingues. Les parents doivent comprendre que l'anglais est facilement acquis, contrairement à leur langue maternelle qui a une valeur importante. Je crois que la leçon la plus importante que les parents doivent retenir est d'avoir des conversations de qualité avec leurs enfants.

Je suis également convaincue que la littérature sur ce sujet est basée sur des perspectives théoriques que nous avons acquises il y a longtemps, mais qui ne sont plus adaptées à notre réalité globale actuelle. Par exemple, la planification linguistique familiale stipule que l'un des parents doit parler une langue et l'autre parent doit parler l'autre langue. Bien qu'il soit important de créer un espace pour que les enfants utilisent les deux langues, cela ne doit pas être rigide. En effet, un psychologue qui effectue des recherches sur les avantages du bilinguisme m'a confié que, peu importe la façon dont il regroupait les enfants, il n'observait aucun avantage ou inconvénient. Le seul groupe qui fonctionnait bien était celui où l'enfant était exposé aux deux langues plus ou moins simultanément. Selon cette théorie, ce groupe développe de meilleures fonctions exécutives car ces enfants doivent constamment s'adapter et choisir les bonnes fonctions de manière spontanée, ce qui crée une énergie dans le cerveau qui n'existe pas lorsque l'on sait quelle langue attendre. Je pense que nous allons bientôt voir beaucoup plus de recherches sur ces aspects, car le monde a changé. Aux États-Unis, il est très facile pour les parents de penser que seule l'anglais est valorisé.

FJ : Il est vrai que les avantages du bilinguisme sont maintenant mieux compris par la classe moyenne supérieure américaine, qui est principalement monolingue. Les programmes bilingues ne sont plus un tabou et sont devenus populaires auprès des monolingues qui cherchent à devenir bilingues, tandis que les communautés linguistiques d'origine cherchent à maintenir leurs langues. Ces deux groupes sont les plus courants, mais je ne vois pas beaucoup d'apprenants de l'anglais.

OG : C'est vrai, car tout le monde aux États-Unis et dans la plupart des pays est un bilingue simultané. L'idée que les enfants entrent à l'école en étant monolingues n'est plus possible. Dès la naissance, les enfants sont exposés à plusieurs langues et ont une compréhension passive de ces langues. Il faut donc vraiment s'attaquer à l'idée que des catégories existent et que tout est placé le long d'un continuum ou d'un spectre bilingue. Les catégories artificielles créent un spectre de bilinguisme, mais en réalité, nous sommes tous des bilingues émergents. Nous avons des forces et des faiblesses dans chaque langue, et cela dépend de la situation dans laquelle nous sommes engagés.

FJ : Si cela fonctionne bien, cela aura un énorme impact sur l'école et sa communauté. Ce n'est pas seulement une question de gentrification. Beaucoup de gens disent que cela ne se produit que dans les quartiers blancs de la classe moyenne, mais cela peut arriver pour tout le monde. Cela doit être fait avec une approche de collaboration et d'engagement communautaire pour que l'impact soit maximal. Si l'on regarde l'exemple de l'Utah, le processus est devenu du top-down avec une participation limitée des parents.

OG : L'autonomisation des communautés est très importante. Les programmes bilingues sont parfois critiqués en raison de leur lien avec la gentrification. Cela peut être vrai dans certains cas, mais il est important de montrer comment un bon programme peut donner du pouvoir à toutes les communautés.

Un autre aspect crucial est l'expansion de ces programmes. Les tensions surviennent souvent parce qu'il n'y a pas suffisamment de places pour les enfants qui en ont le plus besoin. Dans certaines écoles, il n'y a de la place que pour une seule classe, comme le CP. Ils ont peut-être vingt enfants apprenant l'anglais en maternelle, mais ils ne peuvent en prendre que dix, car ils doivent également prendre dix enfants anglophones. C'est une construction sociale artificielle que je déteste. Les écoles qui ne peuvent pas accueillir tous les enfants qui ont besoin d'un soutien bilingue se retrouvent à sélectionner les meilleurs élèves pour leurs programmes, ce qui fausse les résultats. Cela crée également une catégorisation artificielle des enfants en fonction de leurs compétences linguistiques, ce qui est inapproprié dans un monde diversifié. Au lieu de cela, nous devrions développer des programmes bilingues qui peuvent accueillir tout le monde, car le manque de place est un obstacle majeur à leur réussite. Dans un monde où les familles sont reconstituées, les parents viennent de différents pays et les enfants sont exposés à différentes langues dès la naissance, il est difficile de catégoriser un enfant en fonction de sa langue maternelle ou de son niveau de compétence linguistique. En fin de compte, la croissance des programmes bilingues est nécessaire pour répondre aux besoins de tous les enfants et pour abandonner la construction sociale dépassée qui place certains enfants dans une catégorie spécifique.

FJ : Le système actuel doit être abandonné car il y a des problèmes de place et le zonage crée des tensions énormes. Les gens sont prêts à tout pour vivre dans une zone spécifique, même si les bâtiments sont en ruine. Pour ces programmes, le zonage est impossible.

OG : Un autre problème est que le bilinguisme est fluide et ces catégories ne fonctionnent pas. Pourquoi avoir une répartition de 50 % pour les enfants d'un type et 50 % pour l'autre type à la maternelle, alors que trois mois plus tard, ils ne feront plus partie de ces catégories ? Les enfants peuvent déménager ou devenir anglophones, peu importe la raison, tout cela est complètement artificiel. Le modèle actuel est linéaire à la fois pour la scolarisation, la manière dont la langue est acquise et le bilinguisme. Je préconise un modèle de bilinguisme plus dynamique qui reconnaît que nous utilisons la langue dans différentes situations et que ces situations sont fluides.

FJ : Il est important que les programmes bilingues reflètent la diversité de la communauté, plutôt que de suivre un modèle rigide qui ne correspond pas aux besoins réels.

OG : Absolument, un programme bilingue doit être adapté à la communauté qu'il sert. Le problème avec les modèles rigides, c'est qu'ils forcent souvent les écoles à atteindre des quotas artificiels de diversité. Mais les écoles qui réussissent sont celles qui s'adaptent aux besoins réels de leur communauté, sans imposer de catégories artificielles.

FJ : Je crois que les parents en ont besoin. C'est ce sur quoi je me concentre.

OG : Il est triste de constater que tous les parents ont besoin de programmes bilingues, y compris les parents pauvres et les immigrants récents. Cependant, les programmes de transition ne leur sont pas accessibles, et il n'y a pas assez de programmes bilingues pour eux. C'est là que nous pouvons rapprocher les parents. Je vous exhorte à ne pas proposer une approche qui transformerait l'éducation bilingue en un programme d'enrichissement pour la classe moyenne blanche, en laissant de côté les pauvres.

FJ : J'ai besoin d'y penser. Selon vous, qui seront les lecteurs de mon livre, *La Révolution bilingue* ? Est-ce que ce sera un Américain bilingue de la classe moyenne ou est-ce que ce seront des expatriés arrivant ici ?

OG : Ce doit être tout le monde !

FJ : J'aimerais que ce soit un guide simple, un peu comme un petit livre rouge, mais sans le côté marxiste. Mon public est les bilingues eux-mêmes, pas les opprimés.

OG : Je pense que votre message principal devrait être l'autonomisation des communautés. Cette Révolution bilingue doit habiliter les communautés telles qu'elles sont, et non pas les forcer à se conformer à ce que nous voudrions qu'elles soient. Il faut se rappeler que les programmes bilingues ont été créés pour intégrer artificiellement des enfants. Nous ne pouvons pas résoudre tout le problème de la ségrégation, mais nous pouvons construire des écoles adaptées à chaque communauté.

FJ : En tant qu'ancien directeur d'école privée, j'ai remarqué que de nombreux parents dépensaient énormément d'argent pour offrir une éducation bilingue à leurs enfants. Si une école publique peut fournir ce type d'éducation de manière compétente, c'est un message fort que nous envoyons.

OG : C'est particulièrement important dans une ville aussi diversifiée sur le plan linguistique et possédant de riches ressources linguistiques.

FJ : Des programmes ont transformé l'école, grâce à leur qualité ; les enfants vont très bien, les familles sont très heureuses, les professeurs sont excellents et les directeurs obtiennent toute la reconnaissance qu'ils méritent. Si on arrive à ce résultat dans une école, ne devrions-nous pas le faire partout ? L'enseignement bilingue est dans l'intérêt de chacun, mais aussi des États-Unis en tant que pays. Je pourrais dire la même chose pour la France.

OG : Ce que je suggère, c'est de se concentrer sur quelques études de cas sur le développement de programmes bilingues dans certaines communautés, sur la manière dont le programme les a transformées ainsi que l'école dans laquelle il est mis en place.

FJ : L'objectif est de donner la parole aux fondateurs de ces programmes et de conclure avec quelques chapitres proposant une feuille de route pour avoir un impact sur une école, créer un programme et transformer une communauté. Le livre ressemblerait donc à un manuel pratique.

OG : Je suis d'accord. Je pense que c'est le moment opportun pour un tel livre, car les écoles bilingues transforment le monde. Lorsque j'étais jeune et que nous avons commencé à étudier tout cela, Fishman avait pour position que la transmission intergénérationnelle au sein de la famille était la seule façon de maintenir une langue.

Cependant, je ne suis pas fan du terme « maintien de la langue » car cela implique une certaine rigidité. À la place, je préfère parler de « durabilité de la langue », car cela traite de l'écologie de la langue et de ses interrelations, et de la manière de la protéger sans l'isoler.

Nous savons maintenant que toutes les grandes révolutions bilingues dans le monde se sont produites grâce à l'éducation. Par exemple, le Pays de Galles avait perdu complètement sa langue il y a quarante ans, mais depuis la mise en place d'un programme bilingue, tous les jeunes parlent maintenant les deux langues. De même, au Pays basque, un changement radical s'est produit grâce à l'école.

FJ : Avec le soutien des familles.

OG : Oui, et je pense que pour que les programmes bilingues réussissent, il est crucial d'obtenir le soutien des communautés concernées. Malheureusement, nous avons manqué une occasion précieuse avec la communauté portoricaine qui, dès le début, avait exprimé le désir d'une éducation bilingue véritable pour leurs enfants. Les Young Lords ont clairement demandé une éducation bilingue pour tous, quelle que soit la langue maternelle des enfants. Malheureusement, nous avons créé un programme d'intégration plutôt qu'un programme qui donne réellement du pouvoir aux communautés.

Conversation avec
Christine Hélot

Christine Hélot, professeure au département de formation des enseignants de l'Université de Strasbourg en France depuis 1991, se concentre sur la sociolinguistique, notamment le bilinguisme et le plurilinguisme dans les contextes familiaux et universitaires, ainsi que sur le bilinguisme des enfants d'immigrés. Elle est membre de plusieurs organisations, telles que le Réseau de sociolinguistique française, l'Association pour le développement de l'éducation bilingue, la SAES (Société des Anglicistes de l'Enseignement Supérieur) et l'Alliance pour la sensibilisation aux langues. Christine Hélot participe activement aux plaidoyers en faveur du bilinguisme à Strasbourg et à Paris, où elle guide les parents et les éducateurs pour maintenir avec succès le bilinguisme. Elle vient de publier un livre intitulé *L'éducation bilingue en France : politiques, modèles et pratiques linguistiques*, qui présente les efforts de l'enseignement bilingue en France en cinq parties : les langues étrangères (départements européens), les départements internationaux, les départements de l'Est, les langues orientales et les départements binationaux.

Christine Hélot a travaillé en tant que maître de conférences en linguistique appliquée à l'université nationale d'Irlande (Maynooth College) de 1975 à 1990, où elle a également dirigé le centre de langue. En 1988, elle a obtenu son doctorat au Trinity College de Dublin pour sa thèse sur le bilinguisme chez l'enfant intitulée *Child Bilingualism: a linguistic and sociolinguistic study*, sous la direction de David Singleton.

En 2005, Christine Hélot a reçu l'*Habilitation* pour sa recherche sur le bilinguisme dans les contextes familiaux et scolaires. Cette recherche a été publiée en français en 2007 sous le titre *Du bilinguisme en famille au plurilinguisme à l'école* chez l'éditeur Harmattan à Paris. Depuis 2009, elle est régulièrement impliquée dans le Master en éducation bilingue de l'Université Pablo de Olavide à Séville, en Espagne.

De 2011 à 2012, elle a occupé le poste de professeur invitée à l'Institut des langues et littératures romanes de l'université Goethe à Francfort, en Allemagne.

Les recherches de Christine Hélot se concentrent sur plusieurs domaines, notamment le bilinguisme et le plurilinguisme dans les contextes familiaux et scolaires, ainsi que le bilinguisme des enfants immigrés. En 2014, elle a été co-éditrice d'un livre sur la littérature jeunesse intitulé *Children's Literature in Multilingual Classrooms*.

Christine Hélot est d'avis que la diversité culturelle et linguistique de la France est un atout qu'il faut absolument encourager.

J'ai une connaissance approfondie du travail de Christine Hélot depuis un certain temps déjà. J'ai eu la chance de la rencontrer grâce à des collègues experts du bilinguisme, et elle a souvent visité New York pour présenter son documentaire *Raconte-moi ta langue* lors d'événements organisés par l'Ambassade de France. Je suis admiratif de son travail exceptionnel de 30 ans, qui vise à aider les enseignants à comprendre que le bilinguisme familial ne suffit pas et que l'école doit fournir du matériel pédagogique et des méthodes innovantes pour enseigner l'anglais, l'arabe et les langues régionales de mon pays d'origine, tout en encourageant la diversité culturelle et linguistique de la France.

Christine Hélot est convaincue que toutes les langues doivent être valorisées, cependant certaines d'entre elles ont été moins transmises en France. C'est dû au fait que le gouvernement a imposé l'idée du monolinguisme et que les écoles étaient supposées enseigner en français afin que les enfants deviennent des citoyens grâce à cette langue. Aujourd'hui, les enseignants sont confrontés à une situation difficile où ils doivent soutenir plus d'une langue, mais le poids idéologique du monolinguisme est toujours présent et pèse sur eux.

Ainsi, beaucoup d'enseignants conseillent à tort aux parents de ne pas parler leur langue maternelle à leurs enfants à la maison, sous prétexte que cela ralentirait l'acquisition du français. Cependant, ce conseil est généralement donné aux parents qui parlent l'arabe, le turc et d'autres langues considérées comme ayant un statut inférieur dans la société française. Les parents qui parlent allemand en Alsace, par exemple, ne reçoivent jamais ce type de conseils concernant leur langue maternelle. Cela montre que toutes les langues ne sont pas considérées de manière égale en France. Pour Christine Hélot, il est important de valoriser toutes les langues et de permettre aux enfants de s'exprimer dans leur langue maternelle à la maison pour favoriser leur développement linguistique.

Le cas des langues arabes mérite d'être examiné en détail. Leur érosion en France et dans d'autres pays est très décourageante ; la peur de la discrimination et le désir profond d'assimilation des parents minent le bilinguisme de leurs enfants. Aux Etats-Unis et en France, l'arabe est devenu une victime de plus dans la longue liste des langues qui succombent à la pression croissante des préjugés sociaux et ethniques. C'est pourquoi la déconstruction de l'image négative qui lui est associée, comme à toute langue d'ailleurs, est primordiale. Le respect de la société pour la langue maternelle d'un enfant peut avoir un impact énorme sur sa motivation à la parler ouvertement.

Heureusement, des progrès ont été accomplis par certains parents et éducateurs pour lutter contre les préjugés existants. Aujourd'hui, des endroits comme New York permettent l'apprentissage de langues telles que l'arabe ou l'ourdou, comme le montrent les histoires inspirantes présentées dans *La révolution bilingue*.

Selon Christine Hélot, la mise en place de programmes bilingues en arabe en France requiert la collaboration et le soutien de multiples sources, ainsi qu'une compréhension approfondie de ses avantages et des défis à surmonter. L'éducation bilingue des enfants, qu'elle se déroule en classe ou hors de celle-ci, nécessite l'utilisation de méthodes qui leur permettent de participer activement, afin de favoriser leur autonomie dans le processus d'apprentissage. En conséquence, le rôle des enseignants et des parents est de motiver les enfants à s'engager activement afin qu'ils puissent éventuellement prendre des décisions quant à l'utilisation des langues apprises. Cette approche permettrait ainsi de valoriser toutes les langues et de faciliter l'acquisition de nouvelles compétences linguistiques pour les enfants bilingues.

En parlant en français avec Christine Hélot, j'ai pu constater les défis liés à la préservation du plurilinguisme en France et la lutte menée pour la conservation des langues internationales et surtout des langues régionales. Le travail de la professeure peut nous aider à comprendre les obstacles auxquels fait face la préservation du plurilinguisme en France, ainsi que l'efficacité des programmes bilingues dans ce pays et dans les territoires français.

L'éducation bilingue en France

Podcast La Révolution bilingue : Épisode 3 : Révolution bilingue avec Christine Hélot
Remarque : les intervenants sont appelés « FJ » (Fabrice Jaumont), « CH » (Christine Hélot)

FJ : Bonjour Christine, merci d'être ici pour parler du bilinguisme. Pour commencer, peux-tu te présenter brièvement ?

CH : Bien sûr, bonjour Fabrice. Je suis professeure à l'Université de Strasbourg où j'enseigne et effectue des recherches sur le bilinguisme depuis près de quarante ans. J'ai travaillé pendant 17 ans en Irlande, à l'Université Nationale d'Irlande, où j'ai réalisé une thèse au Trinity College sur l'éducation bilingue des enfants au sein de la famille.

FJ : C'est donc un travail très axé sur les familles et leur environnement linguistique. Peux-tu nous parler un peu plus de tes recherches ?

CH : Oui, bien sûr. Mon travail consiste à comprendre comment les familles gèrent le bilinguisme à la maison, comment ils transmettent leurs langues aux enfants, et comment ils font face aux défis tels que la pression de la société pour parler une langue majoritaire ou les difficultés d'équilibre entre les deux langues. Je m'intéresse également à la façon dont les écoles peuvent soutenir l'apprentissage des enfants bilingues, en proposant des méthodes d'enseignement adaptées à leurs besoins spécifiques et en reconnaissant la richesse de la diversité linguistique.

FJ : Donc, les parents bilingues font face à des difficultés pour transmettre leurs langues aux enfants. Quels sont les conseils que tu donnes aux parents pour surmonter ces difficultés ?

CH : Effectivement, les parents bilingues peuvent faire face à des difficultés pour transmettre leurs langues aux enfants. Je leur recommande de faire des choix clairs et de s'y tenir, en veillant à parler leur langue maternelle autant que possible à la maison, malgré l'influence de l'environnement extérieur. Il est également important de valoriser et de célébrer la diversité linguistique, en utilisant la langue maternelle pour communiquer l'affection, l'amour, la tendresse et pour raconter des histoires. Enfin, il faut comprendre que l'acquisition de plusieurs langues peut prendre du temps et qu'il est important de ne pas décourager les enfants, mais plutôt de les encourager et de les soutenir dans leur parcours.

FJ : J'ai un exemple, mon propre exemple. Je le vois, surtout avec les devoirs : il faut s'accrocher à la langue familiale pour la maintenir.

CH : Déjà dans la famille monolingue, les devoirs prennent beaucoup de temps, surtout en France. Ensuite, avoir des enfants dans une école qui éduque dans une langue qui n'est pas la langue de la maison peut créer beaucoup de problèmes. Surtout, cela fait entrer la langue dominante dans la famille, et il y a moins de place pour la langue familiale. On comprend bien que pour que les enfants acquièrent deux langues, ils doivent être suffisamment exposés aux deux, donc il doit y avoir assez de ce qu'on appelle en anglais « language input ».
    Alors, au début, quand l'enfant est très jeune, quand l'enfant est un bébé, les parents choisissent la langue à parler à la maison (parler français, par exemple), ou un parent choisit de parler une langue, l'autre parent choisit de parler l'autre langue. C'est ainsi que l'on met en œuvre cette stratégie dans la vie quotidienne. Dans ma thèse de recherche, j'avais, d'un côté, des familles qui avaient fait le choix de parler français à la maison et qui n'avaient pas beaucoup de difficultés à s'engager et, de l'autre côté, des familles qui avaient beaucoup de mal à s'en tenir à ce choix parce qu'elles avaient un travail en anglais toute la journée ou parce que les enfants allaient à

l'école (ou même lorsqu'ils étaient encore dans une crèche) et ramenaient la langue dominante dans la famille. Cela montre que c'est tout à fait juste de l'appeler un « travail invisible ».

FJ : Et que penses-tu des familles qui font le choix extrême de ne pas parler leur langue maternelle ? De ne pas transmettre cet héritage linguistique à leurs enfants et de préférer parler l'anglais, même sans le maîtriser, plutôt que de parler le français ou une autre langue correctement à leurs enfants ?

CH : C'est une question très intéressante. Dans les familles qui ne transmettent pas leur langue de référence (je préfère ce terme à celui « d'origine »), les enfants le reprochent souvent aux parents à l'adolescence, une période où l'on se questionne beaucoup sur son identité. À un certain âge, il est tout à fait normal qu'un enfant dont la mère ou le père parle français aux États-Unis se demande pourquoi le parent n'a pas fait l'effort de lui transmettre cette langue. Transmettre une langue, c'est aussi transmettre toute l'histoire de la famille, des grands-parents et des arrière-grands-parents.

Cependant, il ne s'agit pas de blâmer les parents qui ne transmettent pas leur langue ; aujourd'hui, les parents travaillent de très longues heures pendant la journée. Transmettre une langue dans la famille n'est pas aussi simple qu'on pourrait le penser. Cela dépend également du statut de cette langue dans la société dans laquelle on vit. Je comprends tout à fait que les parents arabophones en France, par exemple, ne transmettent pas l'arabe à leurs enfants ; d'une part, ils transmettent à l'oral l'arabe marocain, tunisien, ou algérien..., qui n'est pas l'arabe classique. D'autre part, ils craignent que leurs enfants soient stigmatisés parce qu'ils parlent cette langue dans le bus ou à l'extérieur de la maison, etc. On peut comprendre que pour le bien-être des enfants, les parents ne veuillent pas transmettre une langue qui est stigmatisée dans la société.

FJ : Mais ce choix entraîne une conséquence : beaucoup d'élèves dont la langue d'origine est l'arabe, ont honte ou hésitent à l'utiliser, même s'ils ont déjà appris les bases de la langue, que ce soit pour parler ou pour écrire. Cette perte de transmission est donc préjudiciable pour les enfants ?

CH : Absolument. Ce qui est particulièrement terrible, c'est que si la langue arabe n'est pas transmise, ils ne peuvent pas communiquer avec leurs grands-parents. Cependant, cela n'arrive pas seulement dans le cas de la langue arabe. Je suis une Française aux États-Unis, donc, si je ne parle pas français avec mes enfants et que mes parents ne parlent pas anglais, ils ne pourront plus communiquer, ce qui implique une énorme perte de transmission qui peut avoir des répercussions dans la construction de l'identité des enfants.

FJ : Oui, c'est exactement ce qui se passe avec les enfants qui parlent espagnol, chinois ou une autre langue aux États-Unis. Tout dépend du statut de la langue dans le pays en question.

CH : Absolument. Je peux également mentionner, par exemple, le cas de mes trois enfants qui ont été élevés bilingues en français et anglais, et qui, bien sûr, ont épousé des partenaires multilingues et se sont demandé quelle langue transmettre à leurs enfants, mes petits-enfants. Maintenant, tous les trois vivent en dehors de la France, et ils me disent qu'il n'est pas facile de parler français à la maison tout le temps et de le transmettre à leurs enfants. Ils me demandent constamment des livres, des recommandations pour des programmes télévisés et des courtes séries en français pour les enfants. Ils sont constamment à la recherche de matériel pédagogique pour soutenir leur propre transmission linguistique.

FJ : Donc tu aides les parents à trouver des ressources pour transmettre leur langue à leurs enfants.

CH : Oui, c'est exactement ça. Je suis membre de deux associations, DULALA (*D'une langue à l'autre*) à Paris et Famille Langues à Strasbourg, où les parents peuvent poser leurs questions et trouver des ressources pour transmettre leur langue à leurs enfants.

Ils s'interrogent notamment sur les conséquences éventuelles de l'apprentissage de plusieurs langues sur le développement langagier de leurs enfants. Je consacre une partie de mon travail à faire de la promotion de l'éducation plurilingue, ou « *advocacy* » en anglais.

FJ : Tu les rassures aussi.

CH : Exactement, je souligne l'importance de cette relation pour la transmission de la langue, ainsi que l'importance de la langue dans la construction de l'identité. Si je ne transmets pas ma langue à mon enfant, il risque de se sentir éloigné de moi et de sa culture d'origine.

De plus, il est souvent plus facile d'introduire une langue dans le milieu familial que dans un milieu scolaire. Donc, ce serait dommage de ne pas profiter de cette opportunité pour transmettre sa langue à son enfant et de compter uniquement sur l'école pour devenir bilingue. Bien sûr, il est possible de devenir bilingue à l'école, mais la relation parent-enfant n'est pas la même que dans le cas d'une langue transmise par un parent.

FJ : Tu as mentionné Strasbourg. Pouvons-nous parler un peu des langues régionales et, plus spécifiquement, du choix des parents de les conserver ou non ? En particulier dans le contexte alsacien.

CH : C'est une question très intéressante. Il y a un défi particulier à maintenir les langues régionales en Alsace, en raison de la complexité de l'alsacien et du choix de l'allemand standard dans l'enseignement bilingue. Certains parents alsaciens ont fait le choix de ne pas transmettre l'alsacien à leurs enfants, car ils craignent que cela puisse leur porter préjudice dans la vie professionnelle, étant donné que l'allemand standard est la langue officielle en Allemagne. Mais d'autres parents tiennent à transmettre leur langue régionale à leurs enfants, car elle fait partie de leur culture et de leur identité. Ils se tournent alors vers des associations et des programmes de soutien pour aider leurs enfants à apprendre l'alsacien. Il y a aussi des initiatives pour promouvoir l'usage de l'alsacien dans la vie publique, comme les panneaux de signalisation bilingues, mais cela reste un défi pour maintenir cette langue régionale.

FJ : Comment ça ?

CH : Ce choix de l'allemand dans les programmes bilingues en Alsace aurait pu inclure l'alsacien et lui donner une place plus importante.

Dans les programmes officiels, une heure environ est réservée à l'alsacien, mais beaucoup d'enseignants dans les programmes bilingues franco-allemand ne le parlent pas. En réponse, il y a des mouvements militants qui se sont mobilisés et des parents qui parlent l'alsacien à leurs enfants, même s'ils sont peu nombreux. Cette langue est en danger, comme la plupart des langues régionales en France.

Certains parents réclament donc un enseignement bilingue en alsacien et en français, mais c'est extrêmement difficile à mettre en place dans l'enseignement public. Ce dernier est paritaire, avec 50% d'enseignement en français et 50% en allemand, et cela s'applique également aux autres langues régionales en France.

FJ : Donc, c'est le même modèle pour le breton ?

CH : Oui, c'est pareil pour toutes les langues régionales en France, comme le breton, le catalan ou encore le basque. Le modèle est appelé « paritaire », ce qui signifie que les heures d'enseignement en français et dans la langue régionale sont équivalentes. Les programmes bilingues sont donc appelés « paritaires ». Cependant, ce modèle est critiqué car il invisibilise le terme « bilingue ».

FJ : Qu'est-ce que cela signifie exactement ?

CH : Je ne comprends vraiment pas cette réticence à utiliser le terme « bilingue » en France dans ces programmes. Aux Etats-Unis, on rencontre le même problème.

FJ : Il y a un peu de ça, oui.

CH : Ofelia García en parle dans ses écrits, ce refus d'utiliser l'adjectif « bilingue » dans tous ces programmes qui existent aux Etats-Unis, comme si le bilinguisme faisait encore peur.

FJ : C'est un vrai tabou.

CH : Tout à fait, et cela fait peur. Les programmes bilingues en langues régionales en France sont très intéressants. Ils existent depuis

1972 et concernent un nombre considérable d'enfants dont les parents souhaitent maintenir et transmettre la langue régionale à leurs enfants.

En Alsace, par exemple, il y a deux enseignants, un qui enseigne en allemand et l'autre en français. Il y a également le modèle où un seul enseignant enseigne dans les deux langues, comme au Pays basque. Ce qui est intéressant, c'est que ces programmes ont été initiés par les parents, qui ont milité pour leur mise en place et leur intégration à l'éducation publique.

FJ : Ils ont donc pris l'initiative de mener une Révolution bilingue dans leur région.

CH : Tout à fait, ces parents ont pris l'initiative de militer pour la préservation de ces langues en danger qui représentent une partie de l'histoire de la France et de ses locuteurs. Ils ont réussi à convaincre les autorités d'inclure ces programmes bilingues dans l'éducation publique, ce qui est une grande victoire pour la diversité linguistique et culturelle en France.

FJ : On constate aujourd'hui un regain d'intérêt pour le bilinguisme et l'idée que le monolinguisme ne suffit plus. Selon toi, d'où vient cette prise de conscience ?

CH : En réalité, cela vient directement de la situation actuelle. Lorsque je visite des crèches à Strasbourg, ma première question est souvent de savoir combien de langues sont parlées dans les familles.

Dans une petite crèche, il n'est pas rare de trouver quinze à vingt langues, tandis que dans une plus grande crèche près de la gare de Strasbourg, il y en a jusqu'à cent vingt. Les enfants se trouvent déjà dans une situation plurilingue dès la crèche, à un stade crucial de leur développement linguistique. Ensuite, ils intègrent l'école maternelle qui deviendra obligatoire dès l'âge de trois ans. Ils se retrouvent dans des classes avec des enseignants qui ne sont pas formés aux questions de plurilinguisme. C'est pourquoi cette prise de conscience est de plus en plus importante aujourd'hui.

FJ : On voit ce problème avec les enseignants monolingues, par exemple.

CH : Oui, tout à fait. Les recherches scientifiques sur les avantages du bilinguisme ont contribué à cette prise de conscience, ainsi que la diversité linguistique croissante dans les sociétés. Les autorités commencent à s'investir dans cette problématique, mais cela reste encore insuffisant. Les formations des enseignants laissent très peu de place à ces questions et les programmes scolaires ne sont pas encore adaptés à la diversité linguistique des élèves. Il y a encore du travail à faire pour que le bilinguisme soit considéré comme une richesse plutôt que comme un obstacle.

FJ : Est-ce-que tu penses que cela peut être résolu par la formation de ces enseignants ?

CH : J'en suis convaincue.

FJ : Tu es optimiste alors ?

CH : Je suis assez réservée quant à l'optimisme dans ce domaine, car à mon avis la formation des enseignants en France est très problématique, et pas seulement en ce qui concerne les langues mais dans toutes les disciplines. Elle doit être entièrement repensée. En France, la formation des enseignants est très disciplinaire, divisée en didactique des mathématiques, didactique du français et didactique de l'anglais ou de l'allemand, en fonction de la langue qu'on enseigne dans le primaire.

Bien sûr, il faut reconnaître que l'enseignement des langues étrangères commence dès le CP pour tous les élèves, et même parfois en maternelle dans certaines écoles publiques. Mais ce n'est qu'un enseignement extensif de deux heures par semaine qui n'est pas très efficace, même si c'est mieux que rien.

FJ : Ce n'est qu'une introduction à l'anglais.

CH : Exactement, je pense que la formation des enseignants en France devrait être complètement repensée. Actuellement, elle est très disciplinaire, avec une forte catégorisation par la didactique de chaque matière, que ce soit les mathématiques, le français, l'anglais ou l'allemand. Bien que tous les enfants en France reçoivent un enseignement de langues étrangères dès le CP, voire en maternelle dans certaines écoles publiques, il s'agit seulement d'une initiation à l'anglais ou à l'allemand, dispensée de manière extensive deux heures par semaine, ce qui n'est pas très efficace.

Mais la question du plurilinguisme, comment accueillir tous ces enfants qui parlent différentes langues et appartiennent à des cultures différentes, n'est pas suffisamment abordée dans les instituts de formation des enseignants. Bien que certains instituts nationaux supérieurs du professorat et de l'éducation accordent un peu plus d'heures à ces questions, il reste rare d'en parler, même dans les masters proposés à l'université.

FJ : Quelles bonnes pratiques avez-vous détectées ? Certains endroits sont-ils meilleurs que d'autres, ou existe-t-il des institutions avec une approche différente qui pourraient être développées à terme ?

CH : Je reviens toujours à l'exemple du Pays basque espagnol, où il existe une véritable politique linguistique pour le basque, une langue qui était interdite à parler au sein des familles jusqu'en 1976, c'est-à-dire jusqu'à la mort de Franco. Pendant une trentaine d'années, ils ont développé des politiques linguistiques pour le basque, considéré comme une pièce fondamentale de leur identité. Ils ont mis l'accent sur la formation des enseignants, en les formant pendant quatre ans à enseigner en basque et à améliorer leurs compétences dans cette langue. Ils ont également développé des écoles en immersion où les enfants sont exposés à la langue basque dès leur plus jeune âge, et où la langue espagnole est enseignée comme une matière. Cela permet aux enfants d'être bilingues, tout en ayant une base solide dans leur langue maternelle.

Les politiques linguistiques mises en place ont également encouragé l'utilisation du basque dans la vie publique, les médias et la culture. C'est un modèle qui pourrait être étudié et adapté dans d'autres régions pour maintenir et promouvoir les langues régionales. La formation des enseignants au Pays basque est de qualité, ce qui se reflète dans les résultats scolaires, où environ 60 à 70% des enfants sont scolarisés en basque, avec quelques heures d'enseignement en espagnol et en anglais.

Les recherches menées dans les années 70 ont montré que les enfants scolarisés dans ces programmes bilingues basque-espagnol avaient des compétences avancées dans l'acquisition de l'anglais. En outre, la pédagogie a été renouvelée en utilisant la pédagogie de projet, ce qui signifie que des thèmes comme l'eau sont abordés en lisant des textes en basque, en répondant à des questions en anglais et en écrivant des textes en espagnol. La pédagogie bilingue ne consiste pas simplement en une double pédagogie de monolinguisme. Ce modèle au Pays basque est très impressionnant, et la région a également de très bonnes évaluations PISA, bien qu'elles soient critiquées.

FJ : Donc, cela dépasse la question de la langue, c'est ce que tu veux dire ?

CH : Tout à fait ! Cela concerne l'ensemble de l'éducation. Ces enfants, en grande majorité, ne parlent pas basque à la maison. Ils l'apprennent donc dès l'âge de trois ans, même avant, en maternelle où l'enseignement se fait en basque. C'est un exemple d'une langue en danger qui a été revitalisée grâce à une politique linguistique cohérente et soutenue. Il y a bien sûr un financement important derrière cette politique, mais aussi une refonte de la formation des enseignants, qui sont extrêmement bien formés. De plus, beaucoup de recherche est soutenue par le gouvernement basque sur ces questions. Quand on visite ces classes, on peut constater l'efficacité de cet enseignement, basé sur une pédagogie de projet qui traite de thèmes transversaux comme l'eau, en lisant un texte en basque, en répondant à des questions en anglais et en écrivant un texte en espagnol, par exemple.

FJ : Tu viens de sortir un livre de référence sur le bilinguisme en France ; est-ce que tu peux nous parler du livre et du bilinguisme en France ?

CH : Je voulais absolument écrire ce livre, que j'ai d'ailleurs écrit avec un collègue de l'université de Francfort pour fonder le champ scientifique de l'éducation bilingue en France.

FJ : Quel est le titre exact ?

CH : Le titre exact de l'ouvrage est *L'Éducation bilingue en France : politiques linguistiques, modèles, et pratiques* et il a été publié chez Lambert-Lucas à Limoges, un éditeur renommé dans les domaines de la linguistique et de la science du langage. Je l'ai co-écrit avec un collègue de l'université de Francfort afin de proposer une analyse exhaustive et logique du champ scientifique de l'éducation bilingue en France.

Avant cela, il n'y avait pas de référence résumant tous les travaux existants, qui étaient principalement dispersés dans les domaines de la didactique des langues, du FLE, de la créolistique, etc. J'ai donc voulu rassembler toutes ces informations et fournir une analyse didactique claire en six parties, en commençant par les territoires et départements d'Outre-Mer où un grand nombre de langues, reconnues ou non comme langues de France, sont parlées. Les enseignants en France sont confrontés à des élèves qui parlent toutes sortes de langues, mais il y a peu de connaissances sur les expérimentations menées dans ce domaine, car elles sont publiées dans des revues moins connues.

Dans ce livre, j'ai choisi de commencer par les territoires et départements d'Outre-Mer, où un grand nombre de langues sont parlées et où des expérimentations ont été menées. J'ai également inclus les langues régionales, qui sont en danger et pourtant une grande richesse pour la France.

Les programmes bilingues existants depuis 1992 ont montré leur efficacité mais sont mal connus. J'ai aussi voulu inclure la langue des signes, car les enfants sourds qui parlent la langue des signes avec leurs parents ou à l'école sont également bilingues.

Il y a cinq chapitres sur la langue des signes dans l'ouvrage. J'ai également abordé les langues étrangères, y compris les sections européennes, internationales et orientales, qui sont mal comprises en raison de la confusion terminologique. En réalité, la majorité des parents en France souhaitent que leurs enfants soient dans des programmes bilingues.

FJ : Il y a un désir, tu penses ?

CH : La section européenne, par exemple, qui est ouverte aux enfants monolingues est très demandée ; il n'y en a pas assez.

FJ : C'est ça, il n'y en a pas assez.

CH : Normalement, on ne teste pas les enfants, mais ce sont quand même les meilleurs élèves qui rentrent dans les sections Européennes avec l'argument que cela demande plus de travail avec plus d'heures de cours, etc.

FJ : Alors qu'en général, ce n'est pas vraiment le cas. Cela devrait être plus répandu.

CJ : Absolument. Je suis tout à fait d'accord avec Ofelia García, qui dit que, au 21ème siècle, tous les enfants devraient avoir accès à une éducation bilingue. Le problème, c'est que les parents ne veulent pas de ce type de système.

FJ : On ne devrait pas les forcer.

CH : Il ne s'agit pas de forcer tout le monde à éduquer leurs enfants en deux langues, bien sûr. Mais une grande majorité de parents en France aimeraient le faire maintenant, donc la demande est bien plus grande que l'offre.

Je souhaitais mettre en évidence dans mon livre la demande croissante des parents pour un enseignement bilingue en France. Je précise toutefois qu'il ne s'agit pas d'obliger tout le monde à scolariser son enfant dans deux langues. Malheureusement, il y a certaines langues comme le turc qui ne bénéficient pas d'un enseignement bilingue faute d'avoir un CAPES correspondant. Les sections orientales qui permettent l'enseignement bilingue en arabe sont peu répandues, souvent par crainte d'attirer des locuteurs arabophones. De plus, ces sections enseignent souvent l'arabe classique alors que les élèves parlent plutôt un arabe dialectal à la maison. En outre, j'ai consacré une partie de mon livre aux langues de l'immigration et aux langues qui ne bénéficient pas du droit à l'enseignement bilingue en France. Enfin, j'ai invité des chercheurs étrangers pour présenter les dernières recherches sur l'enseignement bilingue et permettre un dialogue avec les recherches menées en France.

FJ : Sur le cerveau, par exemple ?

CH : Non, nous avons décidé avec mon collègue Jürgen Erfurt de nous concentrer sur les politiques linguistiques éducatives, la didactique et la pédagogie. Nous n'avons donc pas inclus de chapitre sur les recherches en neurosciences. Le livre s'inscrit plutôt dans les domaines de la sociolinguistique et de la psycholinguistique. Nous avons choisi de le publier en français pour rendre ces questions accessibles à un public francophone. Si nous avions ajouté un chapitre sur le cerveau, cela aurait alourdi l'ouvrage et rendu la publication en deux volumes nécessaire. De plus, nous aurions dû trouver des chercheurs français écrivant en français sur le sujet, car le livre est écrit dans cette langue. Il y a déjà beaucoup de publications en anglais sur cette question, donc nous avons préféré nous concentrer sur d'autres aspects.

FJ : Donc pour toi, il est important de valoriser tous les bilinguismes et de lutter contre l'inégalité linguistique en France ?

CH : Tout à fait, je pense que tous les bilinguismes doivent être valorisés et que l'inégalité linguistique en France doit être combattue.
     Il est important de rappeler que les enfants qui parlent d'autres langues à la maison sont en train d'acquérir la langue française et sont donc des bilingues en devenir. Nous ne devrions pas stigmatiser certains bilinguismes, comme le bilinguisme des pauvres,

par opposition au bilinguisme des élites qui est souvent admiré et valorisé.

L'école française est déjà marquée par des inégalités, il est donc important que l'éducation bilingue ne contribue pas à renforcer ces inégalités. Nous avons mentionné l'anglais et les langues étrangères, ainsi que l'arabe, mais il ne faut pas oublier que plus de trois millions de personnes parlent l'arabe en France.

Nous devons également nous attaquer à la question des langues d'immigration dans les écoles, où elles sont encore parfois interdites dans les classes et les cours d'école.

FJ : Est-ce que tu penses que l'arabe a une chance d'être enseigné en France dans les écoles ?

CH : Pour que cela se réalise, il faut une véritable volonté politique, qui a existé mais qui semble avoir disparu. Bien que l'arabe fasse maintenant partie des langues pouvant être enseignées au primaire, cela n'est pas mis en pratique.

Les arguments invoqués pour justifier cette absence sont nombreux, tels que le manque d'enseignants, mais il y a de nombreux locuteurs qui pourraient être formés. Le ministre de l'Éducation nationale, Jean-Michel Blanquer, a créé une polémique récente en mentionnant l'enseignement de l'arabe, mais il y a également d'autres langues à prendre en compte, comme le turc et bien d'autres. Toutefois, il existe des approches pédagogiques efficaces pour l'enseignement bilingue, notamment pour les enfants en maternelle qui sont initiés aux langues par le biais d'activités qui leur permettent de découvrir les langues et les cultures des autres. Ce modèle, qui est largement répandu dans d'autres pays européens, pourrait donner aux jeunes enfants le goût des langues, et les laisser choisir la langue qu'ils souhaitent étudier plus tard. En France, bien que de nombreuses langues soient offertes dans les textes officiels, la majorité des élèves optent pour l'anglais et l'espagnol.

FJ : Donc, il faudrait valoriser le bilinguisme.

CH : Absolument, l'offre est immense en France en termes de langues enseignées, mais elle n'est pas mise en œuvre dans les faits. Il est

Fabrice Jaumont

nécessaire de reconnaître que les enfants qui parlent une autre langue que le français à la maison sont bilingues ou plurilingues, et que cela constitue un avantage considérable pour eux. Pour que ce bilinguisme puisse être bénéfique sur le plan cognitif et social, il doit être valorisé et non stigmatisé.

FJ : Merci, Christine.

CH : De rien. Merci, Fabrice, c'était un plaisir.

Conversation avec Mbacké Diagne

En 2019, pendant Thanksgiving, j'ai eu l'opportunité de me rendre au Sénégal pour divers engagements. J'ai saisi cette occasion pour présenter mes livres *Unequal Partners* et sa traduction française au Centre de recherche ouest-africain (CRAF).

J'ai également visité l'Université Cheick Anta Diop à Dakar. Pendant mon séjour, j'ai eu la chance de participer à l'émission Kenkelibaa sur Radiotélévision Sénégalaise, animée par Khady Ndiaye, où j'ai échangé avec Abdoulaye Fodé Ndione et Antoinette Correa, deux éditeurs engagés dans le développement de la lecture et de l'accès aux livres en Afrique de l'Ouest. J'ai également discuté de l'importance de l'éducation bilingue pour l'Afrique avec Mbacké Diagne, un professeur renommé et directeur de recherche au laboratoire de grammaire et de linguistique anglaise et africaine de l'université. Ce fut une expérience très enrichissante et émouvante pour moi.

Pendant notre discussion, le professeur Diagne a souligné que la situation linguistique difficile à laquelle le Sénégal est confronté est représentative de celle à laquelle toutes les nations africaines sont confrontées. Les langues nationales telles que le wolof et le pular ne sont pas encore intégrées de manière égale aux systèmes éducatifs par rapport au français ou à l'anglais, ce qui reste un sujet de débat crucial. Cette situation est étroitement liée à l'échec scolaire des élèves, aux questions identitaires ainsi qu'au développement économique du pays.

La réduction de la pauvreté dans les pays en développement est devenue un enjeu majeur en améliorant l'éducation. Selon l'Institut de statistique de l'UNESCO et le *Rapport mondial de suivi sur l'éducation*, l'accès à l'enseignement secondaire pourrait permettre à 420 millions de personnes de sortir de la pauvreté. Cependant, la réalité en Afrique subsaharienne montre que la plupart des enfants ne parviennent pas à terminer leur scolarité, car ils ne savent pas lire ni écrire.

Pour améliorer cette situation, il est nécessaire de mettre en place des normes simples pour garantir une éducation de qualité et un développement harmonieux dès la petite enfance, tout en utilisant la langue maternelle des enfants. Cela permettrait de remédier à l'échec scolaire et de permettre à davantage d'enfants de poursuivre leur scolarité.

Depuis le début des années 2000, l'accès à l'éducation en Afrique subsaharienne francophone s'est nettement amélioré, cependant, la qualité de l'enseignement laisse à désirer car plus de la moitié des enfants ne maîtrisent pas les compétences de base attendues à la fin de l'école primaire. Cette situation résulte largement de la question linguistique qui est un facteur déterminant de leur échec.

Il est actuellement courant que le français soit la langue d'enseignement dès la première année en Afrique francophone, mais les niveaux de compétence insuffisants chez les enfants et les enseignants compromettent le succès de l'apprentissage précoce et la poursuite de leur scolarité. Selon les études menées sur les langues utilisées dans l'enseignement primaire en Afrique francophone, l'introduction des langues maternelles dès les premières années permettrait de poser des bases plus solides pour l'alphabétisation avant de passer à l'enseignement en français, ce qui met en évidence l'importance du développement de programmes d'enseignement bilingues.

Dans cette discussion en français, le professeur Diagne m'a expliqué l'importance de promouvoir la construction et le développement continu de l'alphabétisation dans la langue maternelle des enfants, et a approfondi, à travers son expérience personnelle, comment les subtilités culturelles peuvent jouer un rôle déterminant dans les approches de l'enseignement des langues. Selon lui, les programmes bilingues devraient être principalement basés sur toutes les expériences et connaissances que les enfants acquièrent dans leur langue maternelle durant leurs premières années de vie.

L'éducation bilingue est un besoin

Le podcast Révolution bilingue, épisode 16 : Sans une révolution bilingue, comment l'Afrique peut-elle vraiment se développer ?

Remarque : les intervenants sont appelés « FJ » (Fabrice Jaumont) et « MD »
(Mbacké Diagne)

FJ : Bonjour Professeur Diagne, ravi de vous avoir avec nous aujourd'hui. Pourriez-vous vous présenter brièvement ?

MD : Bonjour, je suis Mbacké Diagne, Docteur en linguistique et chercheur doctoral au Centre de Linguistique Appliquée de Dakar. Avant d'arriver ici, j'ai travaillé en tant qu'enseignant dans le primaire et le secondaire, inspecteur de l'éducation et directeur de centres de formation d'enseignants. Ma thèse portait sur la description linguistique du diola, une langue parlée dans le sud du pays, mais actuellement, je travaille sur divers sujets, notamment le bilinguisme et l'éducation bilingue. Mon domaine d'expertise comprend également l'analyse de la parole.

FJ : Puisque nous sommes actuellement à Dakar, pouvez-vous nous donner une idée des langues qui sont parlées ici et comment ces langues sont liées les unes aux autres ?

MD : Au Sénégal, on peut constater la présence de plusieurs langues qui se divisent en deux groupes. Le premier groupe est celui des langues natives, c'est-à-dire celles qui sont originaires du continent africain et qui sont également appelées « langues nationales ». Selon les chiffres officiels, il y a vingt-deux langues de ce type dans le pays.

FJ : Vingt-deux langues !

MD : Oui. Entre vingt-deux et vingt-cinq, mais seulement vingt-deux sont déjà classées. Elles ont un alphabet qui a été espacé et validé par les services techniques de l'Etat.

FJ : Et quelles sont les plus importantes ?

MD : Parmi ces vingt-deux langues, il y en a six qui sont considérées comme particulièrement importantes. Ce sont les six premières langues classées : le wolof, le sérère, le pular, le mandingue, le soninké et le diola. Le wolof et le pular sont les plus avancées en termes de documentation, d'équipement et de préparation de la recherche. Le sérère et le diola sont également suivies de près. Le deuxième groupe est constitué des langues étrangères qui ont été introduites dans le cadre de la scolarisation coloniale. Le français est la langue la plus utilisée dans l'enseignement, mais il y a aussi d'autres langues internationales importantes enseignées. Tous les élèves doivent parler deux langues, car cela est obligatoire dans tous les systèmes scolaires secondaires. Les enfants doivent apprendre l'anglais à partir de l'école primaire jusqu'à l'université.

FJ : Donc c'est comme une langue étrangère, avec quelques heures par semaine ?

MD : Oui, il y a deux heures et demie par semaine prévues dans les emplois du temps scolaires. L'anglais est actuellement suivi de près par d'autres langues comme l'espagnol, le russe, le portugais et l'allemand. Nous avons même de nouvelles langues comme l'italien dans le département des langues romanes à l'université. Il y a donc des langues supplémentaires. Le persan, par exemple, est une autre langue enseignée à l'université. Il y a aussi une entité séparée, l'Institut Confucius, où les étudiants peuvent apprendre le chinois s'ils le souhaitent.

FJ : Donc, le français reste la langue officielle dans le système éducatif, mais les langues nationales commencent à être intégrées à l'université ?

MD : Exactement. Les langues étrangères sont enseignées comme matières à part entière, mais le français reste la langue de l'enseignement officiel. Les langues nationales font maintenant leur entrée à l'université après avoir été longtemps ignorées depuis l'indépendance. Il y a eu des expériences concluantes, mais leur généralisation prend du temps. Voilà en résumé la situation linguistique actuelle.

FJ : Et quelle est la place des langues nationales dans l'enseignement primaire et secondaire ?

MD : Malheureusement, la place des langues nationales dans le système éducatif reste limitée. Le français est la principale langue d'enseignement, tandis que les langues nationales sont souvent enseignées comme une matière à part, sans être utilisées comme support pour l'enseignement d'autres matières. Il y a cependant des expériences de bilinguisme en cours, où les élèves apprennent dans leur langue maternelle en même temps que le français. Ces expériences sont encore limitées, mais elles montrent les avantages d'un tel système pour l'apprentissage des élèves.

FJ : Donc, la durabilité de ces projets est problématique.

MD : Exactement. Les financements sont souvent extérieurs, donc une fois qu'ils cessent, le projet s'arrête. Et cela rend difficile la généralisation de ces expériences. Les initiatives sont excellentes, mais la durabilité est un vrai défi.

FJ : Le projet s'arrête.

MD : Exactement. Bien sûr, la lecture dans la langue nationale est importante, mais cela ne doit pas se faire au détriment de l'enseignement bilingue. Les langues doivent coexister dans la classe. L'avantage de l'enseignement bilingue est que la langue maternelle de l'élève peut être utilisée pour capitaliser sur ses expériences antérieures avant même de commencer l'école. Ensuite, le français peut être enseigné pour les matières scientifiques, la culture étrangère, etc. C'est un moyen viable pour les élèves de maîtriser à la fois leur langue maternelle et une langue étrangère.

FJ : Mais jusqu'à présent, cela ne se fait pas du tout de cette manière.

MD : Non, pas du tout.

FJ : L'enfant arrive en parlant une langue sénégalaise, sa langue.

MD : C'est exact.

FJ : Puis, en première année d'école...

MD : Ils mettent fin à ce projet. Après y avoir réfléchi longuement, je me pose la question suivante : comment peut-on espérer produire des prix Nobel si un enfant, qui a déjà découvert le monde et intégré son environnement dans sa langue maternelle pendant sept ans, que ce soit en famille ou dans son environnement immédiat, arrive un jour à l'école et qu'on lui demande de tout oublier ? Après sept ans d'expérience, on lui demande de commencer à apprendre dans une autre langue pour comprendre le monde. Cela prendra six ans à l'enfant pour percevoir à nouveau le monde à travers cette nouvelle langue, car ce n'est qu'à la fin des cours moyens, en sixième année, qu'il pourra maîtriser le français et reprendre la compréhension du monde. Comment un enfant peut-il rattraper tout ce temps perdu ? Ce n'est pas normal. Si l'on ajoute ces six années aux sept premières années, cela représente treize années perdues. Ainsi, lorsqu'on compare cet enfant à un enfant qui a été éduqué en français ou en anglais dès le début, l'enfant qui a commencé à apprendre une nouvelle langue a un retard de treize ans.

FJ : Il y a des exceptions.

MD : Il y a des exceptions parce qu'il y a beaucoup d'inconvénients. Vous allez apprendre les mathématiques et les sciences physiques dans une langue étrangère dont les concepts ne sont pas encore clairs dans votre esprit.

FJ : Donc, vous voulez dire que vous rencontriez des difficultés à comprendre certains concepts ?

MD : Oui, c'est exact. J'ai étudié en français toute ma vie, mais il y avait des concepts que je ne comprenais pas, même à l'université. C'est seulement après avoir eu la chance de voyager en France pour étudier que j'ai commencé à comprendre ce que tout cela signifiait. Et c'est ce que je veux dire. Si je n'avais pas eu cette chance, je n'aurais peut-être jamais compris ces concepts, même si j'avais étudié en français toute ma vie. C'est pourquoi je pense qu'il est important que les enfants puissent apprendre dans leur langue maternelle dès le début de leur scolarité.

FJ : Donc les manuels scolaires étaient axés sur la culture française.

MD : Oui, exactement. Par exemple, j'ai étudié à l'école primaire entre 1965 et 1970, et les manuels scolaires étaient axés sur l'univers culturel français.

FJ : Les ancêtres, les gaulois...

MD : Non, pas les ancêtres, pas les gaulois, ce sont nos anciens. Les choses avaient un peu changé, mais on ne parlait pas de l'Afrique dans *Matins d'Afrique*. Dans *Matins d'Afrique*, ils parlaient des pins et des sapins, et je n'avais jamais vu ces arbres.

FJ : Les pins et les sapins dans un livre qui s'appelle *Matins d'Afrique*...

MD : Oui ! Après avoir été professeur au lycée, après un voyage à Paris et à Caen, et après avoir visité la Normandie, j'ai finalement vu un pin et un sapin. C'est une histoire que je raconte souvent car elle s'applique à toutes les disciplines. Elles nous apprennent des mots sans leur réalité, alors que la connaissance est censée améliorer notre capacité à comprendre et à transformer le langage courant. Si vous ne connaissez pas le sens du mot, vous n'avez pas le concept correspondant. Vous avez le mot, mais sans référence, et c'est là le problème. Le système éducatif souffre déjà d'un manque de qualité, et tout le problème réside à ce niveau.

FJ : Donc, en grandissant, nous sommes affectés par notre environnement ?

MD : Oui ! En grandissant, nous découvrons le monde et passons par un processus de développement mental, mais notre environnement joue un rôle important. Mon père était analphabète et ma mère une femme au foyer française également analphabète, donc mon premier contact avec la langue française s'est fait à l'école. En ville, nous parlions wolof, et tout a soudainement commencé à se passer en français. C'était comme si on nous enseignait une langue morte. Cela a créé des blessures permanentes en moi. Je n'ai rien contre la langue française en elle-même, mais mon contact avec elle a été inapproprié.

FJ : C'est un choc pour les enfants, et cela laisse des traces.

MD : Tout à fait. C'est la raison pour laquelle, particulièrement au Sénégal, les gens se tournent vers d'autres langues. Ils sont plus enclins à apprendre l'anglais et à abandonner le français. La langue française est mal gérée dans ce pays. Même au niveau lexical, les gens sont plus à l'aise avec les mots anglais.

   Il y a une réduction de la place du wolof dans la salle de classe, qui est le royaume des élèves. Si vous allez parler aux élèves, vous pouvez constater qu'ils ont un retard de six ans. Si vous ne les arrêtez pas, ils vous parleront en wolof. C'est pourquoi la langue maternelle doit avoir une place dans le système éducatif, non pas pour remplacer le français ou l'anglais, mais pour être à leurs côtés.

FJ : Sur un pied d'égalité ?

MD : Le bilinguisme est essentiel et doit être considéré comme une nécessité. Le français est désormais un patrimoine national pour les pays qui ont été colonisés par la France, et il ne peut plus être ignoré. Bien qu'il ne s'agisse pas d'une langue nationale, il a sa place dans notre vie et notre culture. Cependant, il y a des choses qui ne peuvent être exprimées qu'en wolof et qui ont un sens profond pour nous. Le vrai problème réside dans le fait que même avec une compétence élevée en français, certaines choses ne peuvent pas être exprimées. C'est pourquoi l'éducation bilingue est essentielle pour que les deux langues soient sur un pied d'égalité. Ceux qui réfléchissent profondément à cette question savent que c'est un obstacle qui doit être surmonté. J'ai écrit un article sur ce sujet intitulé « *La gouvernance linguistique au Sénégal face à l'émergence socio-économique* ».

FJ : Un obstacle à ... ?

MD : L'émergence socio-économique.

FJ : Parce qu'il y a un lien ?

MD : Oui, comme un cordon ombilical.

FJ : Ah, expliquez-nous ça, s'il vous plaît !

MD : Eh bien, le développement implique une participation active et inclusive de la population. Les efforts et les activités de la population sont à la base du développement, et ce n'est pas simplement la traduction de politiques écrites en français. La population ne comprend qu'une partie de ces politiques et ne se sent souvent pas concernée par elles. Il y a une fracture, une rupture entre les gouvernements et la population à cause de la langue. Les acteurs de la population ont des messages importants à délivrer, mais ils ne peuvent pas les transmettre efficacement parce qu'ils ne parlent pas correctement le français. Cela affecte le développement et sa mise en œuvre. Prenons l'exemple de l'agriculture. L'État définit une politique, prescrit les méthodes à suivre et les produits à acheter, et décide des prix. Les agriculteurs se plient à ces directives, mais à la fin de la saison, ils se plaignent souvent que les semences fournies ne sont pas adaptées à leur terre ou que les prix étaient trop élevés.

Après avoir semé et récolté, les agriculteurs se rendent compte que les semences fournies par le gouvernement ne sont pas les bonnes. Si le processus était inclusif et que tout le monde parlait la même langue, les agriculteurs auraient pu expliquer au gouvernement le type de semences dont ils avaient besoin avant la plantation. Le gouvernement aurait alors pu agir en conséquence et éviter les pertes. C'est là que l'administration entre en jeu.

Je vais vous illustrer cela avec l'exemple de l'administration territoriale, qui divise les régions en raison de notre politique de centralisation et de décentralisation. Les responsables locaux sont censés être des agents de développement et des techniciens qui aident la population, mais au lieu de cela, ils se transforment souvent en interprètes, passant leur temps à expliquer les politiques définies par les autorités supérieures à la population. Malheureusement, la plupart d'entre eux ne peuvent même pas traduire correctement le message du français au wolof. Voici un autre exemple :

Si vous voulez exprimer en wolof le budget ou le financement alloué à l'agriculture ou aux agriculteurs, il faut le faire en wolof. Mais si vous ne savez pas comment dire les chiffres en wolof, comment vont-ils comprendre ? De plus, de nombreux Sénégalais ayant étudié dans des écoles françaises sont incapables de dire les chiffres correctement. Ainsi, ils doivent faire du code-switch, parler en wolof et dire les chiffres en français, ce qui crée une incompréhension pour les agriculteurs. J'ai appelé cela un blocage épistémologique, qui empêche les gens de se comprendre et crée des tensions dans la communication à chaque rencontre entre les administrateurs et la population.

Je me souviens d'une situation dramatique qui illustre parfaitement le problème. J'enseignais à l'école primaire et un jour, dans un terrain vague en ville, un sous-préfet, qui était l'administrateur de la sous-préfecture, a rencontré le président de la communauté générale, un homme analphabète qui présidait un groupement de communes. Le sous-préfet était responsable du budget et avait le pouvoir de valider ou non les décisions. Cette situation est dangereuse car un administrateur mal intentionné peut en profiter pour manipuler les décisions prises en imposant sa propre interprétation.

Lorsqu'il présentait le budget dans les documents avec les programmes qu'il voulait mettre en place, les chiffres étaient calculés en français. Les gens de la ville écrivaient quatre ou cinq zéros pour dire cent mille, et le sous-préfet rajoutait des zéros en se servant de cette confusion. Ainsi, là où on aurait dû lire 100 000, on lisait maintenant 1 000 000. Les gens ne comprenaient rien. C'est ainsi que dans les années 70 et 80, beaucoup d'administrateurs mal intentionnés ont profité...

FJ : ... profité de la situation.

MD : Oui. Plus tard, il est revenu se plaindre avec une autre personne avec laquelle il avait déjà comploté, en disant qu'ils m'avaient eu car j'avais signé pour 100 000 francs alors qu'ils avaient finalement attribué des prix de 2 000 000 francs.

FJ : Ainsi, si les gens ne peuvent pas communiquer, rien ne peut fonctionner pour le développement économique ?

MD : Tout à fait. Je suis catégorique sur ce point. Nous devons repenser nos politiques, obtenir plus de financements et multiplier les budgets par cinq. Nous sommes à 4000 milliards. Mais jusqu'à présent, la situation n'a pas changé. Pour que le développement soit possible, il doit être endogène, participatif et inclusif. La population ne peut pas participer si elle ne peut pas communiquer avec les autochtones. Sans communication, il n'y a pas de développement, et la langue est au cœur de cette question. On ne peut pas éduquer les gens uniquement en français et négliger les langues africaines.

FJ : Et en ce qui concerne l'éducation bilingue, y a-t-il des exemples d'expériences dans les institutions ? Y a-t-il de l'espoir pour le pays ?

MD : Bien sûr, il y a de l'espoir. Je peux dire oui et non. Il y a de l'espoir parce que, depuis l'indépendance, nous n'avons pas cessé d'expérimenter.

Dans les années 1970 et 1980, les fonctionnaires français ont été confrontés à l'impossibilité d'enseigner correctement le français ou d'autres langues sans la langue maternelle. C'est pourquoi ils ont créé le Centre de linguistique appliquée de Dakar et ont mené les premières expériences avec des classes ordinaires et des classes de télévision.

Cependant, ces expériences ont été abandonnées après l'avènement des Etats Généraux et l'arrivée d'idées de gauche. Une autre expérience a eu lieu de 2002 à 2010 et a donné de bons résultats, mais elle n'a pas été poursuivie car elle était financée par une banque plutôt que par l'État du Sénégal. Depuis lors, les ONG ont tenté de mettre en place des expériences, et l'ARED a obtenu de très bons résultats grâce à une formation solide des enseignants.

FJ : Quel est le nom de l'association ? ARED ?

MD : Oui, ARED, Association pour la recherche, l'éducation...

FJ : Et le développement ?

MD : Oui, D comme Développement. Nous avons évalué cela, Carol et moi.

FJ : Carol est Carol Benson de l'Université de Columbia ?

MD : Oui, c'est exactement ça. J'étais l'expert national et elle était l'experte étrangère. Ensemble, nous avons formé une équipe pour évaluer toutes les classes de l'ARED, et c'était une expérience extraordinaire. Nous avons examiné tous les aspects, tels que la formation des enseignants, les outils pédagogiques, l'implication des parents et des communautés, la communication, etc. Cependant, puisque le financement provenait d'une ONG, Dubaï Care, tout s'est arrêté lorsque Dubaï Care a cessé de financer le projet.

FJ : Oui, parce qu'ils ne financent que pour trois ans, et ensuite c'est terminé.

MD : Oui, trois ans.

FJ : Donc, l'expérience a été un succès ?

MD : Oui. L'ALP (Programme d'alphabétisation des adultes) avait des fonds importants et a proposé le projet à l'ARED, alors que le gouvernement était en train de mettre en place une autre expérience avec l'OIF pour les écoles et les langues. Cependant, rien n'a été réalisé. Il aurait fallu harmoniser le modèle bilingue appliqué au Sénégal à travers de longs séminaires, adapter l'échelle et multiplier les cas, mais il ne semble pas que cela ait été fait jusqu'à présent. L'ALP a décidé d'imposer la lecture en langue nationale afin de récupérer tous les enseignants qui avaient été formés par l'ARED, mais les gens ont exprimé leur mécontentement en disant que ce n'était pas un bon projet.

Ici en Afrique, l'argent peut être une motivation, mais cela ne garantit pas la qualité. Pour moi, il est essentiel que tout ce qui est appris dans la langue maternelle soit transféré dans la deuxième langue. Sinon, les gens rencontreront des problèmes. Comment peut-on enseigner en wolof, puis passer au français sans aucun lien ou passerelle ? Cela ne fonctionne pas. Je ne voudrais pas travailler sur un tel projet si l'intérêt de mon pays n'est pas au cœur de celui-ci.

FJ : Et quelle est votre vision idéale ?

MD : L'option idéale serait d'opter pour une éducation bilingue, que ce soit sous forme différée ou simultanée. Cela dépendra de l'option choisie, mais je ne suis pas en mesure de prendre une décision. Les deux langues pourraient coexister dans la même salle de classe, avec la langue maternelle de l'enfant. Etant donné que le français est désormais considéré comme un patrimoine national, il ne faudrait pas l'abandonner. C'est ça !

FJ : C'est ça.

MD : Mais ce serait seulement pour l'école primaire.

FJ : Oui, des programmes en wolof et en français, ou peut-être dans d'autres langues ?

MD : Oui ! Dans l'enseignement secondaire, on pourrait considérer la langue nationale comme une deuxième langue, tout comme l'anglais ou l'espagnol, tout en continuant à enseigner le français. Cependant, pour y parvenir dans cinquante ans, il est nécessaire de se préparer en enseignant dans la langue nationale, que ce soit comme langue d'apprentissage ou même en présence du français dans la classe en tant qu'objet d'enseignement. Cela serait l'idéal.

FJ : Vous avez dit cinquante ans ? Cela ne pourrait-il pas être plus tôt ?

MD : Non, parce qu'il n'y a rien de fait qui me montre, politiquement parlant, que cela pourrait être fait plus tôt. J'ai récemment écrit un article qui sera publié dans le journal du département d'histoire. Il s'agit de montrer la perception.

Je ne crois pas que cela puisse être fait plus tôt car je n'ai pas vu de signes politiques montrant que cela serait possible. J'ai récemment rédigé un article pour le journal du département d'histoire dans lequel je montre huit types de perception négative envers l'introduction de la langue minoritaire dans le secteur officiel. Bien que certains aient trouvé jusqu'à quatorze points, mes huit points sont spécifiques au contexte africain. Bien que nous partagions des idées communes, les pays africains colonisés par une langue étrangère ont des contextes différents qui créent des perceptions uniques. Les perceptions en Afrique ne sont pas les mêmes que celles aux États-Unis, où il y a des minorités comme les Mexicains, mais cela n'a rien à voir.

FJ : Et parmi les huit points que vous avez trouvés, ce qui vous trouble est...

MD : Le point qui me gêne par rapport à ce qui est possible pour le français, c'est qu'il y a des gens qui me disent que la France n'acceptera pas que les langues nationales deviennent des langues officielles à côté de...

FJ : Ce sont des Sénégalais qui disent ça ?

MD : Les intellectuels.

FJ : Du Sénégal ?

MD : Ce sont surtout des gens qui ont été éduqués dans les écoles, qui ont des postes grâce à cette éducation française, ils disent ça. Des professeurs d'université.

FJ : Et, finalement, ils disent que...

MD : Que la France ne nous laissera pas faire. Ils ont peur.

FJ : Cette peur est-elle infondée ?

MD : A mon avis non, car la France est un pays qui a ses intérêts, et je pense qu'il est juste qu'elle essaie de développer ses intérêts dans le monde entier. Cependant, nous devons aussi savoir que nous sommes un pays, un peuple. Nous devons avoir nos intérêts et nous battre pour eux. Mais c'est le peuple qui doit se battre, non ?

FJ : Une Révolution bilingue est nécessaire ?

MD : Oui, exactement, une révolution bilingue. Je ne peux pas envisager un développement sans une réforme linguistique. La langue est un facteur qui va de pair avec l'expansion politique et économique, cela a été prouvé pendant la colonisation.

La France a promu la langue française pour étendre son pouvoir politique et économique. Elle a établi des écoles et des églises pour que la langue française puisse progresser en Afrique. Si les Français n'avaient compté que sur leur force militaire, ils n'auraient pas réussi. Mais en éduquant les élites africaines, y compris les fils de roi et les empereurs, ils ont réussi à diffuser la culture française, ce qui a rendu le processus plus facile.

FJ : Donc vous pensez que l'éducation bilingue pourrait être la solution pour inverser cela ?

MD : Oui, exactement. Il faut inverser le modèle éducatif et mettre la langue du pays à la base du développement. Les bases sont déjà là, avec une culture bien ancrée, qui contient toutes les valeurs que nous recherchons : le patriotisme, l'amour du travail, etc.

Un mot sur le plaisir
d'apprendre une langue

Il est important que l'apprentissage d'une langue soit une expérience agréable, que ce soit à la maison ou à l'école. Pour réussir l'apprentissage bilingue, il est préférable de s'adapter aux goûts et aux intérêts des enfants. En classe, il est possible de combiner le plaisir et l'apprentissage en utilisant des jeux pour susciter l'intérêt des élèves. Cela aide à contextualiser la langue et montre à l'enfant l'utilité pratique de la langue, une tâche pour laquelle les contenus illimités offerts par les nouvelles technologies et l'internet sont inestimables. Les jeux sont toujours un excellent moyen d'impliquer les enfants et de les faire participer de manière ludique.

Nous, en tant que parents, devons assurer que l'apprentissage à la maison reste amusant. Parfois, les familles ne réussissent pas à pratiquer la langue parce qu'elles se concentrent trop sur les compétences de lecture, d'écriture, d'orthographe et de grammaire, comme si les enfants étaient encore à l'école. Certains parents ne prennent pas la peine d'organiser des sorties amusantes, comme une visite à l'aquarium où ils pourraient parler de la vie marine en utilisant la deuxième langue, ou une visite dans un musée d'histoire naturelle, où l'observation des dinosaures et d'autres expositions peut être une occasion intéressante pour pratiquer la langue.

En somme, pour que les enfants apprennent leur langue maternelle de manière efficace et agréable, les parents doivent créer des situations dans lesquelles ils peuvent s'amuser et acquérir des compétences de manière naturelle. Le manque d'expériences d'apprentissage dans le monde réel peut parfois créer des tensions. Il est important de se rappeler que l'apprentissage d'une langue se fait mieux par l'interaction et la participation active. Les enfants ne peuvent pas simplement se contenter de regarder des dessins animés, car cela ne stimule que leur compréhension orale et ne leur demande pas de produire de contenu en retour.

En revanche, lorsque les enfants regardent des vidéos interactives dans la langue cible, posent des questions et interagissent, ils apprennent plus facilement à s'exprimer. De plus, il est important de laisser les enfants jouer et s'amuser avec la langue, qu'ils parlent leurs différentes langues séparément ou qu'ils fassent des mélanges, afin de favoriser un apprentissage sans stress.

Il est important de ne pas se décourager lorsque nos enfants refusent de lire dans leur deuxième langue, et même parfois dans leur langue maternelle. Nous devons garder à l'esprit que certains enfants ne sont pas encore prêts à lire, et que cela peut prendre du temps. Il est préférable de changer notre approche et de proposer des alternatives plus attrayantes, comme des histoires orales ou des jeux de rôle. Nous devons également nous rappeler que la lecture doit être une expérience agréable et amusante, plutôt qu'une corvée imposée. Si nous forçons trop nos enfants, ils risquent de perdre leur intérêt pour la langue et l'apprentissage en général.

Plutôt que de les forcer à lire des contenus spécifiques, tels que Shakespeare, Cervantès ou Victor Hugo avant l'âge de sept ans, nous pouvons les aider à trouver des livres qui correspondent à leurs préférences actuelles, tels que la science-fiction, les légendes, la fantasy ou les romans policiers.

Il est également possible de rechercher des adaptations de textes classiques pour enfants, proposées par de nombreux éditeurs. Offrir à vos enfants des versions adaptées de *La Nuit des rois*, de *Don Quijote* ou des *Misérables* peut être une solution gagnant-gagnant. Les enfants aiment également qu'on leur lise des histoires et passer du temps avec leurs parents, alors profitons-en pour leur faire découvrir des textes qui leur permettront d'apprécier la science, l'histoire, la culture, etc.

De nos jours, il existe une grande variété de livres pour enfants adaptés à tous les âges et centres d'intérêt, ainsi que des éditions bilingues qui peuvent aider nos enfants à apprendre les nuances et subtilités de chaque langue. Vous pouvez consulter les ouvrages publiés et traduits par CALEC pour aider les parents à aborder la lecture dans une ou plusieurs langues avec leurs enfants. Ces livres sont une ressource précieuse pour encourager la lecture et l'apprentissage de nouvelles langues chez nos enfants.

Après avoir échangé avec certains de nos experts, il est devenu évident que l'on peut devenir bilingue à tout âge. Pourquoi ne pas tenter l'expérience ? Les adolescents, les jeunes adultes et les personnes plus âgées ont aujourd'hui accès à une multitude de ressources pour apprendre une langue. Des applications sont disponibles en téléchargement facile et proposent souvent une version gratuite pour essayer et voir si le système convient à chacun. Il existe également des plateformes, des enseignants indépendants, ainsi que des cours et des ateliers de conversation dans les universités, les collèges et les associations. Les options sont infinies, que l'on préfère apprendre en groupe ou de manière autonome.

Il ne faut pas négliger les approches moins conventionnelles. Certaines personnes sont tombées amoureuses d'une langue en regardant un film étranger ou en écoutant une chanson dont elles ne comprenaient pas les paroles, ce qui les a intriguées et les a poussées à se lancer dans l'apprentissage de la langue.

Il est également possible d'organiser des activités ludiques pour apprendre une langue en famille en choisissant quelque chose que tout le monde aime faire ensemble, comme cuisiner. Par exemple, une de mes amies a récemment inscrit sa fille à un atelier de pâtisserie à Paris pour apprendre à faire des macarons tout en pratiquant leur français. Lorsqu'elles sont arrivées, elles ont été agréablement surprises de découvrir qu'il y avait deux autres familles (l'une allemande et l'autre mexico-américaine) qui partageaient la même expérience !

Enfin, il est important de penser à voyager et à être un peu plus audacieux quant aux endroits que vous visitez en tant que touriste avec votre famille ou que vous choisissez de poursuivre vos études. Il est important de se préparer à résoudre tout problème éventuel malgré votre maîtrise de la langue, afin de vous sentir en sécurité, puis de vous laisser aller à une expérience immersive. Les locuteurs d'une langue romane, comme l'italien par exemple, peuvent apprécier et se sentir à l'aise dans les pays où les langues de cette famille sont parlées, comme la France, l'Espagne, le Portugal ou les nombreuses options en Amérique latine.

En somme, c'est une relation symbiotique : s'immerger dans une culture étrangère peut accélérer l'apprentissage de la langue et, en retour, acquérir une compétence linguistique peut approfondir la compréhension de la culture et de ses gens, offrant ainsi une perspective unique sur le monde.

Les leçons de *La Révolution bilingue*

Dans le livre intitulé *La révolution bilingue*, j'ai expliqué comment un mouvement qui a commencé avec un groupe de parents à New York il y a 20 ans est devenu un mouvement impliquant des personnes de toutes origines ethniques et linguistiques. *La Révolution bilingue* est un livre écrit par des parents, pour des parents, dans le but de répondre à des questions difficiles de manière accessible et facile à lire.

Voici quelques-unes des questions auxquelles il apporte une réponse : Comment mettre en place un programme bilingue ? Comment les parents peuvent-ils s'organiser ? Par où commencer ? Quel type de données devez-vous rassembler pour convaincre les gens ? Comment trouver la bonne école ? Comment aborder un directeur d'école ? Où trouver des enseignants ? Où trouver des financements ?

Les questions soulevées par les parents étaient récurrentes, alors j'ai décidé de les compiler et de les rédiger pour les rendre accessibles au plus grand nombre possible, en les publiant et en les traduisant dans différentes langues.

Le livre a été traduit en onze langues différentes et il est désormais lu dans plusieurs pays. Il a engendré des discussions dans les communautés qui cherchaient à mettre en place des programmes bilingues ou trilingues dans leurs systèmes éducatifs. En réalité, il a suscité plus de questions que prévues, ce qui a conduit à la création du Centre pour l'avancement des langues, de l'éducation et des communautés à New York. La mission principale de ce centre est de renforcer les sociétés plurilingues.

Après avoir collaboré avec des parents et des enseignants pour écrire *La Révolution bilingue*, j'ai réalisé l'importance de fournir des informations scientifiques et académiques accessibles à tous. Ainsi, grâce au programme TBR Books de CALEC, nous avons publié les travaux de chercheurs et de praticiens qui cherchent à engager des communautés diverses sur les sujets liés à l'éducation bilingue. Nous espérons continuer à publier de nombreux ouvrages dans les années à venir pour continuer à informer et soutenir les communautés multilingues.

Le livre *La Révolution bilingue* est devenu un outil de soutien pour les communautés linguistiques en leur fournissant des ressources et une méthodologie pour mettre en place des programmes bilingues. Les exemples présentés dans le livre ont lieu à New York pour une raison spécifique.

New York est un exemple parfait pour comprendre les phénomènes bilingues et plurilingues, car près de la moitié de sa population parle une langue autre que l'anglais à la maison, ce qui en fait un véritable melting-pot. En tant que tel, la ville offre un environnement propice pour étudier les aspects culturels et linguistiques liés aux langues et à leur utilisation.

New York a pris la tête de la Révolution bilingue aux États-Unis avec plus de 100 000 enfants inscrits dans 200 programmes proposés en espagnol, mandarin, français, arabe, allemand, créole, italien, japonais, russe, bengali, polonais, ourdou, coréen et hébreu.

Bien que le mouvement de la Révolution bilingue ait commencé à New York, il a rapidement inspiré les enseignants et les parents à l'adopter dans d'autres régions du monde. Par exemple, j'ai été surpris de rencontrer des personnes au Pérou qui cherchaient à établir des programmes bilingues en quechua et en espagnol. Cette expérience nous a appris que, avec une adaptation appropriée, cette approche peut être appliquée dans toutes les écoles, villes et pays.

Au fil des années, j'ai eu l'occasion de discuter avec des personnes qui soutiennent l'éducation bilingue et d'autres qui y sont opposées. Aux États-Unis, les langues parlées par les immigrants sont souvent l'objet de réactions hostiles. Un mouvement appelé « English-Only » a même influencé de nombreux membres du Congrès à promouvoir des politiques qui prônent l'enseignement exclusif de l'anglais depuis les années 1990. Ce type de rejet est également présent dans d'autres pays où le bilinguisme et le plurilinguisme ne sont pas considérés comme une priorité ou ne sont pas valorisés.

Pour une famille d'immigrés qui doit déjà faire face à une épreuve administrative et à un choc culturel, voir ses enfants rejetés à l'école peut être très traumatisant. C'est pourquoi certains craignent de parler de leurs origines et de leur pays d'origine, ou même de se présenter. Mais la vérité est que la connaissance de plus d'une langue nous rapproche.

Participer à la Révolution bilingue m'a fait prendre conscience de la valeur souvent sous-estimée des langues parlées par les immigrés. Comme je l'ai souligné dans l'introduction de mon livre, de nombreux parents choisissent de ne pas transmettre leur langue maternelle à leurs enfants pour diverses raisons, ce qui entraîne la perte non seulement de la langue, mais également de la culture de leur pays d'origine. Cette rupture conduit parfois à l'incapacité des enfants de communiquer avec leurs grands-parents dans leur langue maternelle. Il y a même des histoires de familles où la communication est difficile car les enfants ne parlent qu'anglais et les parents ne parlent que leur langue maternelle.

L'idée clé de *La Révolution bilingue* et les actions qu'elle encourage sont applicables partout dans le monde : nous voulons préserver notre héritage linguistique. Je soutiendrai toujours les parents et les enseignants qui cherchent à mettre en place des programmes d'enseignement bilingues et à encourager l'apprentissage de plusieurs langues, car je sais que cela implique de surmonter de nombreux obstacles et défis, mais aussi parce que je suis moi-même parent.

Une grande partie de la communauté d'immigrants souhaite préserver son patrimoine linguistique. Cela implique de vouloir que leurs enfants puissent communiquer avec eux et avec leurs parents, de comprendre leur identité culturelle et de la transmettre à leur descendance. C'est un sentiment très profond. Il y a même un livre intitulé « Les étrangers qui vivent avec moi », qui aborde le thème des enfants qui ne parlent plus la langue de leurs parents.

Le titre exact du livre n'est peut-être pas connu, mais il exprime une idée importante : si vous permettez à vos enfants de perdre leur langue maternelle, *vous* risquez également de perdre un lien avec eux, ce qui peut être très difficile à récupérer. En outre, certains enfants pourraient reprocher à leurs parents plus tard dans la vie de ne pas avoir fait assez pour préserver leur langue maternelle, ce qui peut engendrer beaucoup de regrets.

Lorsqu'il est question d'éducation bilingue, cela suscite souvent beaucoup d'émotions et de nombreuses histoires personnelles sont partagées. Dans le livre *La Révolution bilingue*, nous avons recueilli des anecdotes de divers groupes linguistiques, tels que les Allemands, les Japonais, les Polonais, les Russes, les Italiens, les Chinois, les Français et les Arabes. Toutes ces histoires ont en commun des parents qui cherchent à mettre en place des programmes bilingues dans leurs écoles. Certains ont réussi, d'autres ont échoué, mais tous ont essayé à nouveau.

C'est probablement la leçon la plus importante que j'ai tirée de la Révolution bilingue : ce que nous essayons de protéger n'a pas de prix, il est donc hors de question que nous nous laissions vaincre.

Conclusion

Unanimes sur les bénéfices du bilinguisme, nos experts nous ont proposé différents outils et méthodes pour en bénéficier. Les études qu'ils ont mentionnées montrent les nombreux avantages du bilinguisme. Comme l'illustre *La Révolution bilingue*, la ville de New York a prouvé qu'elle valorisait son plurilinguisme et sa diversité culturelle, et grâce à cet engagement, des programmes bilingues ont vu le jour dans de nombreux quartiers. Sans surprise, les bénéfices cognitifs, académiques, sociaux, personnels et professionnels du bilinguisme n'ont fait qu'accroître l'intérêt des parents pour ce type d'apprentissage. À New York, le bilinguisme, le biculturalisme et le pluriculturalisme en général sont désormais vus comme un trésor, non seulement pour leurs vertus culturelles, mais aussi pour leur capacité à produire des « citoyens du monde ». Il ne devrait plus y avoir de doutes : l'éducation bilingue est cruciale et devrait être accessible à chaque enfant.

La France pourrait s'inspirer de cet exemple et surmonter ses craintes vis-à-vis de l'éducation bilingue. Pour certains, céder au plurilinguisme signifierait mettre en danger la forte présence internationale de la langue française, qui est aujourd'hui la cinquième langue la plus parlée dans le monde. Pour les autorités publiques, si les citoyens français apprenaient de nouvelles langues en France, les étrangers ne verraient plus l'intérêt d'apprendre le français car ils pourraient communiquer avec les francophones dans une autre langue, principalement l'anglais. En somme, la principale crainte est de céder la place à l'anglais hégémonique, qui est déjà la langue mondiale du commerce et de la science.

Cependant, nous devons renverser ces préjugés et reconnaître que le salut de la France et la pérennité de sa présence internationale ne peuvent être assurés qu'en s'adaptant au monde globalisé et donc au plurilinguisme. Nous ne pouvons plus mener de discussions internationales et prétendre exercer une influence en ne parlant que notre langue.

La réputation des Français en ce qui concerne leur résistance à parler anglais leur porte préjudice et entrave souvent leurs opportunités commerciales. Ce problème est manifeste dans l'arène des affaires internationales, mais il est encore plus inquiétant à une échelle plus réduite, comme celle de l'Union européenne.

Cette entité politique entend être inclusive et représenter la vaste diversité culturelle des peuples qui la composent, tout en travaillant simultanément à rapprocher ces populations pour promouvoir l'unité et une identité européenne alliée. L'Union européenne a adopté et encouragé le plurilinguisme comme valeur fondamentale, faisant souvent référence à l'expression « langue maternelle +2 » dans les écoles et à travers Erasmus, le programme de mobilité académique le plus respecté pour les étudiants universitaires. Comment partager la même citoyenneté avec ses voisins quand il n'y a pas de langues communes pour échanger ?

La peur du plurilinguisme s'accompagne de préoccupations nationales. La maîtrise de la langue française a longtemps été vue comme une garantie de l'intégration réussie des populations immigrantes dans la société française, il est donc compréhensible que, face à un pays de plus en plus diversifié, certains s'attendent à ce que la langue garantisse la pérennité et l'adhésion à l'identité et à la culture françaises.

Le monolinguisme assurerait également une forte maîtrise de la langue nationale par tous les citoyens français, c'est pourquoi l'introduction d'une seconde langue trop tôt est considérée comme une menace qui pourrait perturber l'apprentissage des enfants et les détourner des fondamentaux de leur langue maternelle.

Cependant, comme les conversations dans ce livre nous l'ont montré, le bilinguisme ne serait-il pas la meilleure solution pour aider nos enfants à avoir confiance en leurs capacités et à être tolérants envers les autres ? Cela ne contribuerait-il pas à créer une société plus unie et accueillante ?

Valoriser les langues de manière équitable implique d'accepter qu'il n'y ait pas de hiérarchie entre elles ; que les stéréotypes entourant certaines d'entre elles ne sont que cela, des stéréotypes ; et qu'elles méritent toutes d'être apprises et pratiquées.

Valoriser les langues de manière égale, c'est aussi construire des ponts et de l'empathie entre les citoyens par la découverte d'autres cultures et l'appréciation de la diversité. La justice sociale et la nécessité de donner à chacun les mêmes chances de réussite sont au cœur des débats en France, mais les preuves montrent qu'un enfant issu d'un milieu immigré qui a eu l'occasion de maîtriser sa langue maternelle tôt aura plus de facilité à apprendre le français. Un enfant qui a également une bonne connaissance et une image positive de sa culture d'origine aura plus confiance en lui et en ses compétences : un must pour la réussite académique et professionnelle. Alors, pourquoi continuer à priver tant d'enfants de cette opportunité ?

Bien que la France ait fait beaucoup de progrès dans ce domaine ces dernières années, il reste encore beaucoup à faire. Nous avons vu l'Option Internationale du Baccalauréat (OIB) fleurir dans les classes qui mènent à un diplôme souvent bilingue et binational. Mais malgré le fait qu'il soit considéré comme le programme bilingue le plus avancé, les cours de deuxième langue de l'OIB ne durent souvent que neuf heures par semaine (y compris trois heures d'histoire-géographie ou de mathématiques, et six heures de littérature). De plus, cette formation « avancée » en deuxième langue n'est accessible qu'à un petit nombre d'étudiants.

Aujourd'hui, il est crucial de rendre des programmes comme celui-ci plus accessibles et de les adapter au niveau de la petite enfance. Les seuls programmes bilingues actuellement en vigueur sont pour les langues régionales en voie de disparition, et ils continuent à exister grâce à la « Charte européenne des langues régionales ou minoritaires » de 1992 de l'Union européenne qui a stimulé les politiques publiques nationales en faveur de la préservation des langues locales et menacées en France.

De plus, le 12 septembre 2018, un rapport ministériel intitulé « Propositions pour une meilleure maîtrise des langues modernes étrangères : oser affronter le nouveau monde » a été publié. Cette proposition visait à stimuler l'apprentissage des langues étrangères dans les écoles publiques, mais étonnamment, elle n'inclut pas la mise en œuvre d'une formation bilingue en deux langues.

En France, ce sont principalement des bénévoles qui plaident en faveur de l'éducation bilingue. Dans le cadre de leur travail, ils encouragent la mobilisation des parents et des écoles, ainsi que la création d'ateliers parascolaires pour que les enfants apprennent et pratiquent une seconde langue. Mais les choses ne peuvent pas continuer ainsi. Il est nécessaire et urgent d'avoir une véritable vision politique et stratégique pour l'éducation plurilingue. Nous devons transformer l'état d'esprit non seulement des décideurs politiques, mais aussi de la société en général, et faire reconnaître à tous les bienfaits des programmes plurilingues.

Cette question prend une toute nouvelle dimension dans les pays autrefois colonisés, où les langues natives, les identités culturelles et les patrimoines sont en permanence en danger. Bien que nous pourrions citer de nombreux exemples du phénomène historique de la colonisation, je voudrais me concentrer sur l'ancien empire colonial français, où l'éducation était le plus souvent dispensée uniquement en français, au détriment sévère des langues nationales.

C'est pourquoi, dans de nombreux pays africains, il est urgent de mettre en place une stratégie d'éducation bilingue qui protégera le patrimoine linguistique tout en soutenant le développement politique, économique et culturel. Le Sénégal, par exemple, compte vingt-deux langues nationales, mais la seule langue d'instruction est le français, alors que le wolof, l'une des langues les plus parlées du pays, est souvent interdit à l'école.

Comme nous en avons discuté avec le professeur Mbacké Diagne, les enfants ont une expérience choquante dès qu'ils commencent leur première année et sont forcés d'apprendre entièrement dans une langue qu'ils ne pratiquent ni à la maison ni en dehors de la salle de classe.

L'école est non seulement monolingue mais aussi monoculturelle et traumatisante. Le contenu des cours suit un programme occidental, les élèves liront donc à propos des pins et des sapins, sans mention des arbres caractéristiques du Sénégal.

Une telle disparité entre le contenu éducatif et la réalité immédiate des élèves représente un handicap pour leur éducation et leurs chances de réussite scolaire. Il est impératif d'offrir aux enfants sénégalais une éducation bilingue qui prend en compte à la fois le français et leurs propres langues, pour leur garantir des références culturelles et linguistiques appropriées. Comment un pays peut-il se développer et écrire son futur s'il ne connaît pas ses racines ?

À ce stade, il serait certainement dangereux de chercher à supprimer la langue française dans l'éducation sénégalaise puisqu'elle fait désormais partie du patrimoine national et représente une véritable clé pour les étudiants pour se connecter avec d'autres francophones à travers le monde. Nous devrions probablement réfléchir sur les paroles de l'auteur économiste et universitaire sénégalais Felwine Sarr, qui a publié un essai sur le renouvellement du continent africain.

Selon Sarr, « La langue doit être un espace de dialogue, d'échange et de mutuelle fructueuse. Nous sommes actuellement plus de 200 millions de francophones dans le monde, avec une majorité d'Africains. C'est une langue qui est venue avec l'histoire coloniale et sa violence inhérente. Mais un siècle et demi plus tard, je me dis que nous devrions l'approprier comme l'une de nos langues. Elle doit devenir l'une des langues de l'Afrique bien qu'elle ne soit pas une langue d'origine africaine ».

Les pays africains francophones comme le Sénégal bénéficieraient grandement d'une éducation bilingue qui prend en compte à la fois les langues originales et le français. Cela leur permettrait de s'ouvrir au monde et d'avoir une langue commune nationale pour tous les groupes ethniques qui les habitent, mais aussi de promouvoir leurs langues locales comme le précieux patrimoine national qu'elles représentent.

Il est donc essentiel de mettre en place des programmes d'éducation bilingue dans les pays francophones d'Afrique, et plus généralement dans tous les pays où plusieurs langues sont parlées. Le bilinguisme n'est pas seulement un outil pour améliorer les compétences linguistiques des individus, il est également un moyen de promouvoir la diversité culturelle et de favoriser la compréhension mutuelle entre les différents groupes ethniques et culturels.

Il est également crucial de reconnaître que le bilinguisme ne met pas en danger l'identité culturelle ou linguistique d'une nation. Au contraire, il l'enrichit en ajoutant de nouvelles perspectives et en favorisant une plus grande ouverture d'esprit. Les pays qui adoptent le bilinguisme ne renoncent pas à leur propre culture ou langue, mais choisissent plutôt de la compléter avec la connaissance et l'appréciation d'autres cultures et langues.

En conclusion, pour un pays comme la France, l'adoption du bilinguisme n'est pas seulement une question de compétitivité économique ou d'influence internationale, mais aussi de justice sociale, de reconnaissance de la diversité culturelle. C'est une opportunité pour la France de démontrer son engagement envers l'égalité des chances, l'inclusion et le respect de toutes les cultures et langues. Et pour les pays africains francophones, c'est une chance de préserver et de valoriser leur riche patrimoine linguistique tout en ouvrant de nouvelles opportunités pour leurs citoyens.

Si le français doit rester une langue centrale dans ces pays, les stratégies bilingues introduites doivent bénéficier aux étudiants et leur fournir des outils pour développer leur plein potentiel avec fierté et respect envers leur double identité en tant que locuteurs du français et locuteurs de leurs langues maternelles respectives.

La réintroduction des langues autochtones dans le système scolaire, que ce soit aux États-Unis, en France, au Sénégal ou dans tout autre pays, est une étape essentielle pour promouvoir un développement inclusif, endogène et participatif. Cependant, le « développement » restera un mot vide si nous ne le pensons qu'à partir de la perspective économique ou politique.

Nous devons revenir à l'étymologie, aux racines de ce mot, et nous assurer que nous honorons son sens : déplier et évoluer. Repensons la question. Il s'agit de nos enfants, des jeunes générations. Auront-ils l'opportunité de grandir et de se transformer ? Auront-ils ce dont ils ont besoin pour que leur esprit et leurs idées évoluent ? Comment la vie se déroulera-t-elle pour eux ?

Les inégalités auxquelles nos enfants devront faire face dans ce monde sont trop nombreuses, trop complexes et trop vilaines pour être contrées sans les outils appropriés, alors une Révolution bilingue est nécessaire pour la justice sociale et la paix. C'est un long chemin, mais nous devons l'emprunter, et nous devons le parcourir ensemble. Commençons par nous connaître, par amplifier notre perspective. Comme l'a écrit Aimé Césaire, « Les langues et les mots sont des armes miraculeuses. Plus nous en savons, plus nous avons de mondes et d'univers ».

À propos de TBR Books

TBR BOOKS

a program of CALEC

Le programme TBR Books a été mis en place par le Centre pour l'Avancement des Langues, de l'Éducation et des Communautés (CALEC). Nous publions les travaux de chercheurs et professionnels qui cherchent à toucher des communautés variées sur des sujets liés à l'éducation, aux langues, à l'histoire culturelle et aux initiatives sociales. Nos livres sont traduits dans diverses langues afin de pouvoir nous adresser au public le plus large possible.

LIVRES EN FRANÇAIS

- ➤ *Enfants bilingues* de Ellen Bialystok
- ➤ *Le français autour de nous* de Kathleen Stein-Smith et Fabrice Jaumont
- ➤ *Une révolution bilingue pour l'Afrique* de Ayé Clarisse Hager M'Boua et Fabrice Jaumont
- ➤ *Deux siècles d'enseignement français à New York* de Jane Ross
- ➤ *Sénégalais de l'étranger* de Maya Smith
- ➤ *Le projet Colibri : créer à partir de « rien »* de Vickie Frémont
- ➤ *Pareils mais différents* de Sabine Landolt et Agathe Laurent
- ➤ *Le don des langues* de Kathleen Stein-Smith et Fabrice Jaumont
- ➤ *La Révolution bilingue* de Fabrice Jaumont

LIVRES EN ANGLAIS ET DANS D'AUTRES LANGUES

- ➤ *Peshtigo 1871* de Charles Mercier
- ➤ *The Word of the Month* de Ben Lévy, Jim Sheppard, Andrew Arnon
- ➤ *Navigating Dual Immersion* de Valerie Sun
- ➤ *One Good Question* de Rhonda Broussard

➤ *Bilingual Children* de Ellen Bialystok
➤ *Can We Agree to Disagree?* de Sabine Landolt et Agathe Laurent
➤ *Salsa Dancing in Gym Shoes* de Tammy Oberg de la Garza et Alyson Leah Lavigne
➤ *Beyond Gibraltar, The Other Shore* et *Mamma* in her Village de Maristella de Panizza Lorch
➤ *The Clarks of Willsborough Point* de Darcey Hale
➤ *The English Patchwork* de Pedro Tozzi et Giovanna de Lima
➤ *Two Centuries of French Education in New York* de Jane Ross
➤ *The Bilingual Revolution* de Fabrice Jaumont
➤ *The Heart of an Artichoke* de Linda Ashour et Claire Lerognon

LIVRES POUR ENFANTS (disponibles dans plusieurs langues)

➤ *Rainbows, Masks, and Ice Cream* de Deana Sobel Lederman
➤ *Korean Super New Years with Grandma* de Mary Chi-Whi Kim et Eunjoo Feaster
➤ *Math for All* de Mark Hansen
➤ *Rose Alone* de Sheila Decosse
➤ *Uncle Steve's Country Home, The Blue Dress* et *The Good, the Ugly, and the Great* de Teboho Moja
➤ *Immunity Fun!, Respiratory Fun!* et *Digestive Fun!* de Dounia Stewart-McMeel
➤ *Marimba* de Christine Hélot, Patricia Velasco, Antun Kojton
➤ *Lapin is Hungry* de Tania et Olivier Czajka
➤ *My Garden is a Square* de Barbara Schindelhauer et Mark Hansen
➤ *Franglais Soup de Adrienne Mei Irving*
➤ *The English Patchwork de Pedro Tozzi et Giovanna Lima*

Nos ouvrages sont disponibles sur notre site web et dans les principales librairies en ligne, au format papier ou e-book. Certains ont été traduits dans plus de 12 langues. Pour consulter une liste de tous les livres publiés par TBR Books, obtenir des informations sur nos collections ou connaître les instructions à suivre pour soumettre un manuscrit, consultez notre site web à l'adresse suivante :

www.tbr-books.org

À propos de CALEC

Le Centre pour l'Avancement des Langues, de l'Éducation et des Communautés (CALEC) est une organisation à but non lucratif faisant la promotion du plurilinguisme, valorisant les familles plurilingues et favorisant l'entente interculturelle. La mission du Centre va dans le même sens que les objectifs de développement durable de l'Organisation des Nations Unies (ONU). Nous désirons faire de la maîtrise des langues une compétence essentielle et salutaire à travers la mise en place et le développement de programmes d'éducation bilingue, la promotion de la diversité, la réduction des inégalités et l'élargissement de l'accès à une éducation de qualité. Nos programmes ont pour but de défendre le patrimoine culturel mondial tout en venant en aide aux éducateurs, aux auteurs et aux familles en leur fournissant les connaissances et les ressources pour façonner des communautés multilingues dynamiques.

Les objectifs et buts spécifiques de notre organisation sont les suivants :
- ➤ Développer et mettre en place des programmes éducatifs qui font la promotion du plurilinguisme ainsi que de l'entente interculturelle, et établir une éducation de qualité équitable et inclusive, notamment par le biais de stages et de formations (objectif de développement durable n°4 – Éducation de qualité)
- ➤ Publier des ressources, soit des articles de recherche, des livres et des études de cas, qui ont pour but de soutenir et de promouvoir l'inclusion sociale, économique et politique de tous, en se concentrant tout particulièrement sur la diversité culturelle, l'équité et l'inclusion (objectif de développement durable n°10 – Inégalités réduites)

- Aider à la construction de villes et de communautés durables et soutenir les éducateurs, les auteurs, les chercheurs et les familles dans l'avancée du plurilinguisme et de l'entente interculturelle à l'aide d'outils collaboratifs (objectif de développement durable n°11 – Villes et communautés durables)
- Favoriser des partenariats globaux en mobilisant des ressources par-delà les frontières, participer à des événements et activités qui font la promotion de l'éducation linguistique à travers la diffusion de connaissances, le coaching, l'autonomisation des parents et des éducateurs et la construction de sociétés plurilingues (objectif de développement durable n°17 – Partenariats pour la réalisation des objectifs)

QUELQUES BONNES RAISONS DE NOUS SOUTENIR

Votre don nous permet d'effectuer les opérations suivantes :

- Développer nos activités de publication et de traduction pour que plus de langues soient représentées
- Donner accès à notre plateforme de livres en ligne à des crèches, écoles et centres culturels en zone défavorisée
- Soutenir des actions locales et durables en faveur de l'éducation et du plurilinguisme
- Organiser des rencontres avec des auteurs et des experts du plurilinguisme, des ateliers pour les parents et des conférences auprès de publics larges

FAIRE UN DON EN LIGNE

En cas de questions, contactez notre équipe par e-mail à l'adresse contact@calec.org. Pour effectuer un don en ligne, rendez-vous sur notre site web :

www.calec.org

www.ingramcontent.com/pod-product-compliance
Lightning Source LLC
Chambersburg PA
CBHW021230090426
42740CB00006B/466